Das kleine Handbuch der Rhetorik ²¹⁰⁰

Körpersprache einsetzen

Mit Händen und Füßen sprechen

Horst Hanisch

© Zweite Auflage: 2019 by Horst Hanisch, Bonn

© Erste Auflage: 2017 by Horst Hanisch, Bonn

Bibliografische Information der Deutschen Nationalbibliothek: Die Deutsche Nationalbibliothek verzeichnet diese Publikation in der Deutschen Nationalbibliografie; detaillierte bibliografische Daten sind im Internet über dnb.dnb.de abrufbar.

Der Text dieses Buches entspricht der neuen deutschen Rechtschreibung.

Aus Gründen der einfacheren Lesbarkeit wird auf das geschlechtsneutrale Differenzieren, zum Beispiel Mitarbeiter/Mitarbeiterin weitestgehend verzichtet. Entsprechende Begriffe gelten im Sinne der Gleichbehandlung für alle Geschlechter.

Idee und Entwurf: Horst Hanisch, Bonn

Lektorat: Alfred Hanisch, Bonn; Annelie Möskes, Bornheim

Buchsatz: Guido Lokietek, Aachen; Horst Hanisch, Bonn

Umschlag: Christian Spatz, engine-productions, Köln; Horst Hanisch, Bonn

Zeichnungen: Horst Hanisch, Bonn

Herstellung und Verlag: BOD – Books on Demand GmbH, Norderstedt

ISBN: 978-3-7448-3945-7

Das kleine Handbuch der Rhetorik 2100

Körpersprache einsetzen

Mit Händen und Füßen sprechen

Inhaltsverzeichnis

INHALTSVERZEICHNIS 5

EINLEITUNG 8
    „Mit Händen und Füßen sprechen" 8

TEIL 1 – SPRACHE DES KÖRPERS UND KONGRUENTE BOTSCHAFTEN 10

DER KÖRPER SPRICHT SEIT EWIGKEITEN 11
    Körpersprachlich gewinnend auftreten 11
DIE SPRACHE DES KÖRPERS 16
    Verbale und nonverbale Kommunikation 16
    Ständige Kommunikation auch in ‚kritischen' Situationen 17
    Ständige Kommunikation sichert das gesellschaftliche Überleben... 18
    7 Sekunden entscheiden über Sympathie 18
    Das erste Erscheinen des Redners 19
    Deutung nonverbaler Signale 20
    Die menschliche Ausstrahlung – das Menschometer 23
    Beeinflussung des Menschometers 24
    Mimik 25
    Lächeln entwaffnet 26
    Gestik, Motorik 27
    Nonverbale Fragen und Antworten 29
SPRACHE UND KÖRPERSPRACHE 30
    Die 7/93–Regel 30
    Reden ohne Pult 31
    Das kleine ABC der Körpersprache in Bezug auf … 32
    Gesichtsausdruck 34
    Die entscheidenden ersten 7 Sekunden 34
    Subjektiver erster Eindruck 35
    Greifbare, nicht-greifbare und persönliche Komponenten 36
    Körperdistanz – Distanzzonen 37
    Distanzwolken 39
    Privatdistanz und Un-Person 40
    Gebietsbereich 41

TEIL 2 – GESTEN MACHEN DAS GESAGTE GREIFBAR 43

DAS VORGETRAGENE ‚BEGREIFEN' 44
    Stinkefinger und Victory-Zeichen 44
    Lebhafter Einsatz von Gesten 46
    Gesten verbinden 48
DIE GESTIK 49
    Mit Hand und Fuß reden 49
    Wohin mit den Armen und Händen beim Reden? 50

Die Arme in Bewegung 53
Lasst die Hände sprechen 54
Unwillkürliche Geste 57
Willkürliche Geste 57
IM AUSLAND WIRD EINE ANDERE SPRACHE DES KÖRPERS GESPROCHEN 60
Körpersprachliche Missverständnisse vermeiden 60
Unterschiedliche Deutung bei Finger und Hand 60
Unterschiedliche Deutung bei Arm und Oberkörper 64
Unterschiedliche Deutung bei Kopf und Körper 65
Missverstehen bei ausländischen Gesprächspartnern 67

TEIL 3 – LÜGT DER BLICK ODER VERRÄT DAS FALSCHE LÄCHELN? 69

AUGENKONTAKT HALTEN 70
Auf den Augen-Blick kommt es an 70
BLICKKONTAKT 72
„Schau mir in die Augen" 72
Lächeln – und trotzdem ein Bösewicht? 73
Das ‚echte' Duchenne-Lächeln 73
Action Units 74
Das biometrische Überwachungssystem 75
Die unwillkürliche Veränderung der Pupillen 76
Die Stellung der Augen 77
Vor großem Publikum auf der Bühne 79
Grundemotionen – Von Freude bis Traurigkeit 80
Physiognomie 83
LÜGT DIE KÖRPERSPRACHE? 84
Oder lügt nur das gesprochene Wort? 84
Hinweise zur Deutung der Körpersprache 85
Reaktion auf Aktion 86

AUSLEITUNG 87

„Die Kunst, den Körper passend sprechen zu lassen" 87

STICHWORTVERZEICHNIS 89

KNIGGE ALS SYNONYM 92

UMGANG MIT MENSCHEN 92

Einleitung

„Mit Händen und Füßen sprechen"

Ihnen geht der Spruch ‚mit Händen und Füßen sprechen' nicht aus dem Kopf. Bei der Beobachtung guter Redner fällt Ihnen auf, dass diese guten Blickkontakt zu allen Zuhörern pflegen und immer wieder gestikulierend das Gesagte passend unterstreichen.

Sie wollen sich aus dem Schutz des Pults lösen, frei und überzeugend zu den Zuhörern sprechen.

Wer auf andere zu-geht und sich bewegt, wird sein Publikum nicht nur mental bewegen, sondern auch mit-gehen lassen.

Und zwar mitgehen entlang Ihres roten Präsentationsfadens, der zum gesteckten Ziel führt.

Nicht umsonst wird von Körper-Sprache gesprochen – und diese wollen Sie in Zukunft aktiver in Ihre Präsentationen, Vorträge und Reden einfügen.

Durch den richtigen Einsatz von Gestik, Mimik und des ganzen Körpers können Sie es schaffen, mit allen diesen Mitteln der nicht-gesprochenen Kommunikation Ihr Publikum lebhaft und beeindruckend zu überzeugen.

Also: Packen Sie es an!

Praxisnah, zeitgemäß und kompakt. Das sind drei interne Vorgaben für unsere Rhetorik-Ratgeber. In unserer Reihe der kleinen Rhetorik-Handbücher wird jeweils ein wesentlicher Teil aus dem umfangreichen Bereich der Rhetorik kompakt vorgestellt.

Die Themenbereiche sind beispielsweise den Büchern ‚Das große Buch der Rhetorik [2100]' oder ‚Trickreiche Rhetorik [2100]' vom selben Autor entnommen. Die Zahl 2100 steht dabei für das 21. Jahrhundert, was die Aktualität der Themen unterstreicht. Diese entsprechen den heutigen Anforderungen im beruflichen Umgang miteinander.

Im vorliegenden Ratgeber „Rhetorik – Körpersprache einsetzen" wird schwerpunktmäßig auf folgende Themen eingegangen:

- Sprache des Körpers und kongruente Botschaften
- Gesten machen das Gesagte greifbar
- Lügt der Blick oder verrät das falsche Lächeln?

Viel Erfolg bei der Vertiefung bestehenden Wissens und erfolgreichen Einsatz im Berufsleben.

Teil 1 – Sprache des Körpers und kongruente Botschaften

Der Körper spricht seit Ewigkeiten

Körpersprachlich gewinnend auftreten

Dass ein Mensch mithilfe seines Körpers handeln, sich von A nach B bewegen kann, dass er etwas erschaffen – im Sinne von erbauen – kann, das ist wohl klar.

Aber wie soll der Körper sprechen? Natürlich durch seine körpereigene Sprache. Durch den Einsatz von Mimik und Gestik, durch die Körperhaltung und Körperbewegung, durch das ‚Auftreten', durch die Kopfhaltung, Augenkontakt, Lächeln und viele andere Verhaltensweisen mehr.

Egal an welchem Ort dieser Erde zwei Menschen aufeinandertreffen, haben sie die Möglichkeit miteinander durch Einsatz ihrer Körpersprache zu kommunizieren. Sie bedürfen dazu nicht zwangsläufig des gesprochenen Wortes. Das haben unsere Vorfahren erlebt, als sie auf ihren Entdeckungsreisen rund um den Globus neue Welten entdeckten, wobei sie mit Kulturen zusammenkamen, in denen exotische Sprachen gesprochen wurden.

Das zeigt, dass die Körpersprache so feinsinnig eingesetzt werden kann, dass auch zwei völlig Fremde – zumindest auf einer einfachen Stufe der Kommunikation – einen Austausch vornehmen können.

Verständigung in der Vorzeit

Gehen wir zeitlich noch weiter zurück, ganz ganz weit ein paar Jahrtausende, als sich die ersten Menschen entwickelten. Zweifelsohne darf davon ausgegangen werden, dass die Sprache im heutigen Sinne nicht im Geringsten existierte. Die damaligen Wesen tauschten sich sicherlich durch sogenannte paraverbale Kommunikation aus, nämlich durch Geräusche wie Knurren, Pfeifen, Schmatzen usw. Viel wichtiger war die Verständigung mithilfe des kompletten Körpers. Zum Beispiel während der Jagd, auch auf größere Distanz, konnten sich die Jäger verständlich machen. So durch Gesten, durch Zeichen, durch Andeutungen von Bewegungsabläufen. Das funktionierte über Jahrtausende so gut, dass sich die Menschen auf das heutige Niveau entwickeln konnten.

Die Körpersprache ist demnach nicht zu unterschätzen. Trotz der heutigen Möglichkeit des verbalen Austausches spielt sie im direkten zwischenmenschlichen Kontakt eine entscheidende und nicht zu unterschätzende Bedeutung.

Die tierischen Rivalen

Werfen wir kurz einen Blick in die Tierwelt, in der die Körpersprache gut zu erkennen ist. Greifen zwei Rivalen einander an, um die Führung der Herde zu übernehmen, setzen sie ihr ‚volles‘ Muskelspiel ein.

Angsteinflößend bewegen sie sich auf den Rivalen zu, reißen ihr Maul weit auf, um die kräftigen Zähne zu zeigen. Sie richten sich in voller Größe auf, um den anderen allein durch ihre kraftvolle Körperfülle einzuschüchtern. Bestimmte Tierarten stellen Nacken- oder Rückenhaare auf, was sie noch größer und dominanter erscheinen lässt.

Zwischendurch werfen die Kontrahenten siegesbewusst ihren Kopf nach oben, um zu zeigen, wie dynamisch sie sind und dass sie keine Furcht vor dem Gegenüber haben.

Bei einigen Tierarten fällt eine Art beachtlicher Halskrause auf, was jeglichen Angreifer automatisch erschrecken lässt.

Offensichtlich hat es die Natur perfekt und bis ins Detail eingerichtet, den Rivalen die eigene Überlegenheit körpersprachlich zu demonstrieren. Es brauchte dazu kein gesprochenes Wort.

Das Pokerface

Ist es bei den Menschen anders? Nein! Möglicherweise erachten wir die Körpersprache nicht so wichtig, scheinen wir uns doch mit gesprochenen Wörtern ausdrücken zu können. Obwohl das einleuchtend klingt, zeigt die zwischenmenschliche Kommunikation ein anderes Bild.

Betrachten wir eine Runde Pokerspieler, die angespannt oder scheinbar lässig um den mit grünem Filz ausgelegten Spieltisch Platz genommen hat.

Der eine trägt eine dunkle Sonnenbrille, um verräterisches Blinzeln der Augen oder Zucken der Muskeln rund um die Augenpartie zu verstecken.

Der andere hält sich krampfhaft am Getränkeglas fest, um ein nervöses Klopfen seiner Finger zu vermeiden und ein mögliches Zittern der Hand zu verstecken.

Der nächste lehnt sich lässig im Stuhl zurück. Will er den Mitspielern damit zeigen, dass er ein gutes Blatt hält? Oder ‚pokert‘ er nur?

Nicht umsonst findet sich im Sprachgebrauch das Wort Pokerface. Hat jemand dieses aufgesetzt, will er vermeiden, anderen seine Gefühle zu offenbaren. Er blockiert sozusagen bewusst seine sonst automatisch stattfindenden körperlichen Reaktionen, die von seinem Innenleben nach außen getragen werden. Bewusst setzt er die Körpersprache ein, um die anderen Spieler zu täuschen.

Manipulation mit der Körpersprache

Hierbei zeigt sich gut, dass die Körpersprache manipulieren kann, wenn sie entsprechend gezielt eingesetzt wird. Im Umkehrschluss bedeutet das allerdings, die Körpersprache sagt in der Regel die Wahrheit. Nämlich dann, wenn nicht geschummelt werden soll.

In der klassischen Kommunikation kann davon ausgegangen werden, dass das sichtbare Verhalten des Körpers – also die Körpersprache – die Wahrheit sagt. Somit ist sie verräterisch.

Kongruente Botschaft

Das lässt gleich den nächsten Schluss zu. Miteinanderredende Menschen sollen möglichst authentisch und wahrheitsgetreu kommunizieren. Gelingt ihnen das, stimmt das gesprochene Wort mit dem nichtgesprochenen (der Körpersprache) überein. In diesem Fall kann von einer kongruenten (kongruent = deckungsgleich) Botschaft gesprochen werden. Anderenfalls liegt eine inkongruente Botschaft vor: Körpersprache und gesprochenes Wort stimmen nicht miteinander überein. Beispielsweise sagt jemand „Mir geht es gut" und schaut dabei traurig auf den Boden. Der Fragende wird nun irritiert sein, da das körpersprachliche Erscheinungsbild nicht mit dem gesprochenen Wort übereinstimmt.

Herr und Diener

Der ‚Herr' schreitet aufrecht und direkt auf sein Ziel zu. Er nimmt den kürzesten Weg, womit er nicht nur Zeit spart, sondern im Lauf des Lebens etwas schneller und auch mehr erreichen kann.

Sein Kopf ist gerade gehalten, sein Blick ist starr auf das Ziel gerichtet. Seine Arme bewegen sich frei und ausladend, so, als gehöre ihm die Welt.

Am Tisch nimmt er selbstverständlich den besten Platz ein, damit er alle anderen Gäste gut ‚im Auge hat' und somit gleichzeitig kontrollieren kann.

Selbstverständlich erhält er als erster das Essen. Er bekommt das beste und größte Stück. Auf Reisen wird ihm die bequemste Unterkunft zur Verfügung gestellt und selbstredend steht der aufmerksame Service bereit. Der Volksmund meint „Wo Tauben sind, fliegen Tauben hin."

Und der ‚Diener'? Nun, er huscht sozusagen von einem Ort zum anderen. Er tritt, fast unhörbar, auf und genauso wieder ab. Seine Körperhaltung drückt Demut aus; den Kopf hält er nach unten.

Klaglos und ausgesprochen aufmerksam sucht er immer den Blick des Herren, um ihm sofort jeden – auch den unausgesprochenen – Wunsch von den Augen abzulesen.

In der gezeigten Demutshaltung – Kopf nach unten, Schultern eingezogen – macht sich der Diener in seinem körperlichen Erscheinungsbild kleiner als der Herr.

Er erfüllt unwidersprochen alles, was der Herr von ihm verlangt. Dabei wird er, manchmal nicht nur wörtlich, mit den Füßen getreten.

Den Diener machen

Vor einigen Jahrzehnten war es noch üblich, einem Vorgesetzten gegenüber einen ‚Diener zu machen'. Vor einigen Jahrzehnten war es noch üblich, einem Vorgesetzten gegenüber einen ‚Diener zu machen'. Dabei wurde der Oberkörper leicht nach vorne gebeugt und der Blick nach unten gerichtet. Fast so, wie der Verurteilte vorm Henker stand.

Oben und unten

Befinden sich Herr und Diener im selben Raum, erkennt der dazu kommende Dritte sofort die Hierarchie bei den beiden. Der eine steht ‚oben', der andere ‚unten'.

Und nun mal ganz ehrlich – also ganz menschlich – wer will schon mit dem kleinen, geschundenen und demütigen Diener zu tun haben? Zieht es nicht fast automatisch zu demjenigen, der Kraft, Macht und Überlegenheit ausstrahlt? Tut es nicht gut, sich in genau diesen Strahlen zu sonnen? Es ist doch schön, von dem Status etwas abzubekommen, um damit die eigene Position zu stärken.

Der starke Redner

Was hat das nun mit einem Redner oder einer Rednerin zu tun? Es scheint eindeutig klar und erwiesen, dass der Gesprächspartner gerne mit einem ‚starken' Gegenüber zusammentreffen will; mit einem Gewinner.

Er will von dessen Stärke – hier von seinem Wissen – profitieren. Von einem schwachen Typen, lassen wir ihn übertrieben ausgedrückt als ‚Verlierer' bezeichnen, kann er nichts lernen.

Er erwartet vom ersten Augenblick an eine authentisch auftretende selbstbewusste Persönlichkeit.

Und er glaubt ihn schon in den ersten Sekunden der ersten Begegnung am Auftreten und damit an der Körpersprache erkennen zu können.

Daraus folgt für denjenigen, der als Vortragender, Redner oder Präsentierender auftritt, ein entsprechendes körpersprachliches Bild abzugeben.

Es gilt, gewinnbringend und überzeugend aufzutreten – und zwar vom ersten Augenblick an.

Also liebe Leserin, lieber Leser, straffen Sie Ihren Körper und demonstrieren Sie eine einnehmende und überzeugende Art des Auftretens.

Lassen Sie die Muskeln spielen!

Die Sprache des Körpers

Verbale und nonverbale Kommunikation

Tagtäglich kommunizieren wir mit unseren Mitmenschen. Wir unterhalten uns mit ihnen, wir sprechen zu und vor ihnen. Zum Beispiel als Trainer in einem Seminar oder in einer Tagung reden wir oft sehr viel.

Die Teilnehmer lauschen erst aufmerksam, bis die Augen kleiner werden und ganz selten soll es schon vorgekommen sein, dass ein Zuhörer beruhigt eingeschlafen ist.

Könnten wir die verbale von der nonverbalen Sprache trennen, hätten unsere Teilnehmer auf die Dauer Schwierigkeiten, dem Sprecher zu folgen. Stellen Sie sich einmal vor, Sie müssten sechs bis acht Stunden den Ausführungen einer Person konzentriert folgen. Unmöglich, oder?

Sprechen ohne zu sprechen?

Glücklicherweise gesellt sich zum gesprochenen, also zum verbalen, Wort noch das ungesprochene Wort. Sprechen ohne zu sprechen?

Wir halten fest: Die Kommunikation – die Verständigung zwischen zwei Personen – kann verbal (mit Wörtern), paraverbal (zum Beispiel durch Pfeifen) und nonverbal erfolgen. Wie in diesem Ratgeber beschrieben: durch Gestik, Mimik und Körperhaltung.

Vielleicht liegt es nahe anzunehmen, dass der größte Teil in einer zwischenmenschlichen Kommunikation durch den verbalen Teil abläuft.

Tatsächlich zeigt sich aber sehr schnell, dass wir ohne Wörter sehr ausführlich kommunizieren können. Daraus folgt, dass wir ohne verbal zu sprechen reden können.

Es gilt die Aussage: Sobald zwei Menschen, gleichgültig ob sie sich kennen oder nicht, aufeinandertreffen, beginnen sie sofort miteinander zu kommunizieren. Man kann nicht <u>nicht</u> kommunizieren, behauptete deswegen der österreichische Kommunikationswissenschaftler Paul Watzlawick (1921 – 2007).

Ständige Kommunikation auch in ‚kritischen' Situationen

Stellen Sie sich folgende Situationen bildhaft vor:

Gefangen im Aufzug

Sie betreten zusammen mit einer fremden Person einen Aufzug. Bei vielen Menschen löst das ein unangenehmes Gefühl aus. Sie reden nicht miteinander und jeder schaut nach einem kurzen Blickkontakt interessiert auf die Etagen-Anzeige oder an die Aufzugdecke.

Sie können nicht flüchten, Sie sind gefangen im Aufzug. Sie stehen eng nebeneinander und sind in der Regel nicht fähig oder gewillt, verbal miteinander zu kommunizieren.

Durch das Richten der Augen an die Aufzugdecke vermeiden Sie weiteren Blickkontakt zum anderen Fahrgast und signalisieren damit automatisch, Sie wollen nicht mit ihm verbal kommunizieren. Vielleicht schauen Sie auch interessiert auf Ihre Fußspitzen, was den Eindruck der Ungemütlichkeit noch verstärkt. Nach unten zu schauen zeigt eine gewisse Demutsgeste. Nach oben zu schauen: Sie suchen Hilfe, die Ihnen in diesem Moment nicht gegeben werden kann.

Der junge Punker und die ältere Dame

Eine alte Dame spaziert durch die Fußgängerpassage. Ein jugendlicher Punker kommt aus der anderen Richtung auf die alte Dame zu. Automatisch presst die Dame ihre Handtasche fester an den Körper. Sie greift ihren Gehstock besser, um einen sichereren Gang zu bekommen, ja vielleicht sogar, um ihn als Verteidigungswaffe einzusetzen. Wenn es geht, wird die Dame möglicherweise sogar ausweichen, um die gefürchtete Konfrontation zu vermeiden.

Woher kommt die Wahrnehmung einer vermeintlichen Gefahr? Gibt es Geschichten, an die sich die Dame erinnert? Oder ist es lediglich das äußere Erscheinungsbild, welches die Furcht einflößen lässt?

Die unsichtbare Mauer in der U-Bahn

Ein Fahrgast sitzt in der U-Bahn auf einer Zweierbank. Die Bank gegenüber ist frei. Ein zweiter Fahrgast nimmt dort Platz. Der erste Fahrgast wird nach einem kurzen Blickkontakt (tut der mir nichts?) aus dem Fenster schauen. Weiterer Blickkontakt ist von beiden nicht erwünscht. Wie hätte unser

Fahrgast wohl reagiert, wenn sich die zweite Person unmittelbar auf den Platz neben ihm gesetzt hätte?

Auf der anderen Seite in der U-Bahn sitzt ebenso ein Fahrgast. Dieser hat neben sich seine Aktentasche abgestellt und auf dem Platz gegenüber einen Teil seiner Zeitung ausgebreitet. Würden Sie sich, sofern andere Plätze frei sind, auf einen dieser beiden blockierten Plätze setzen?

Ständige Kommunikation sichert das gesellschaftliche Überleben

Ohne mit der anderen Person gesprochen zu haben, zeigen unsere Beispielpersonen nonverbal, was sie wünschen oder nicht wünschen beziehungsweise fürchten. Wohl jeder von uns kennt zahlreiche Situationen dieser Art. Erst das nonverbale Verhalten ermöglicht es, sich in unserer Gesellschaft frei und sicher zu bewegen. Ohne große Worte versteht das Gegenüber, was ich denke, fühle, fürchte, wünsche und so weiter.

Diese Beispiele lassen ahnen, wie umfangreich sich die nonverbale Kommunikation präsentiert. Und vor allem auch, wie wichtig diese Kommunikation im zwischenmenschlichen Bereich ist.

7 Sekunden entscheiden über Sympathie

Wussten Sie, dass nach nur etwa maximal sieben (7!) Sekunden die Entscheidung gefallen ist, ob Ihnen Ihr Gegenüber sympathisch ist oder nicht? Also sieben Sekunden, in denen oft noch nichts gesprochen wurde!

Wen sprechen Sie auf dem Bahnsteig an, wenn Sie eine Information wünschen. Den ersten Besten?

4 Minuten bleiben für die ‚Kauf'-Entscheidung

Wussten Sie, dass sich, in einem Vorstellungsgespräch, der Personalchef nach nur vier (4!) Minuten (nur im Kopf) für oder gegen den Bewerber entschieden hat?

Wenn Sie das erste Mal jemanden sehen, werden Sie in der Regel erst nonverbal miteinander kommunizieren. Sie treffen einen vorher noch nicht gesehenen Gesprächspartner in der Hotelhalle. Sie gehen aufeinander zu, lächeln und geben sich die Hand, nun begleitet durch die ersten Worte. Wie schnell sind hier die ersten Sekunden vergangen.

Das erste Erscheinen des Redners

Wenn Sie als Redner, Trainer, Dozent, Vortragender das erste Wort an Ihre Teilnehmer oder Zuhörer richten, sind möglicherweise bereits etliche Sekunden, ja manchmal auch Minuten vergangen.

Das lässt sich problemlos auf gesellschaftliche Anlässe wie Netzwerkveranstaltungen, Feiern usw. übertragen.

In den Köpfen der Zuhörer hat sich bereits zu Ihren Gunsten Sympathie, und wenn Sie Pech haben, zu Ihren Ungunsten Antipathie entwickelt. Und das alles, ohne dass Sie ein Wort gesagt haben!

Wie wichtig ist es für den Redner, negative Assoziationen auslösende Körperbewegungen zu vermeiden! Gerade zu Beginn einer Aktion.

Denn im Laufe des Gesprächs beziehungsweise der Präsentation kann wohl jeder verbal überzeugen, der die entsprechenden Fähigkeiten aufweist.

So wie der Zuhörer die nonverbale Körpersprache des Redners in den ersten Sekunden deuten kann, kann auch der Vortragende die Haltung und Aufmerksamkeit der Anwesenden aufnehmen und einschätzen.

Welche Stimmung nimmt der Zuhörer ein?

Auf diese Weise erhält der Präsentierende sehr schnell einen ersten Eindruck von den Zuhörern. Ist die Gruppe positiv erwartend? Ist sie aggressiv negativ eingestellt? Verhält sie sich angriffsbereit, lauernd?

Die richtige Beantwortung dieser Fragen ist für den Redner beziehungsweise den Vortragenden ‚überlebenswichtig'.

Es wäre nicht das erste Mal, dass ein fachlich sehr gut ausgebildeter Trainer oder Moderator in der Praxis vor den Zuhörern, Seminarteilnehmern oder Diskussionsteilnehmern versagt, weil er deren Körperhaltung nicht oder falsch deutete.

Damit Ihnen das nicht passiert, werden wir hier auf verschiedene nonverbale Signale eingehen und diese erläuternd erklären.

Deutung nonverbaler Signale

Selbstverständlich findet die nonverbale Kommunikation auch zwischen zwei Personen statt, die miteinander reden, die sich im Wartezimmer treffen oder im Verkaufsgespräch miteinander zu tun haben.

Viele Menschen glauben, eine aufrechte Haltung zu haben. Subjektiv gesehen stimmt das, aber objektiv betrachtet muss das nicht immer so sein. Die Haltung eines Menschen, die durch das Skelett und die Muskeln gesteuert wird, geschieht sozusagen aus dem Unterbewusstsein heraus.

Aufrecht oder gegrämt?

Er ist von Gram gebeugt, hat Schweres auf seine Schultern geladen.	Ein aufrechter Mensch geht gerade durchs Leben. Er weiß, was er will. Er steht mit beiden Beinen fest im Leben und ist von seinem Standpunkt nicht abzubringen. Er ist energisch und überzeugend.

Überzeugende Körperhaltung

Wie deuten Sie die Haltung folgender Personen?

Und … bevor Sie weiterlesen, geben Sie hier – oder auf einem Blatt – die nach Ihrer Meinung passenden Charaktereigenschaften der unten abgebildeten Personen an:

Person 1

- Gerade Haltung
- Beide Arme sind in Schulterhöhe angewinkelt
- Beide Unterarme zeigen nach außen
- Die Schultern sind leicht eingezogen
- Steht auf beiden Füßen
- Die Fußspitzen zeigen nach außen weg

Person 2

- Gebeugtes Rückgrat
- Die Arme ziehen nach hinten
- Eine Hand liegt vor dem Bauch
- Ein Arm hängt seitlich leicht nach hinten weg
- Der Kopf und dadurch die Augen zeigen nach unten
- Die Füße stehen nebeneinander, wobei die Fußspitzen zueinander zeigen

Eine absolut eindeutige Deutung ist natürlich nicht möglich.
Aber eine wahrscheinliche Erklärung können wir geben.

Mögliche Deutung zu Person 2:
• depressive, leicht gebückte Person
• zeigt wenig Handlungsbereitschaft
• zieht sich gerne zurück
• ist scheu

- hält den Kopf ‚vor' den Körper, um die Situation zu prüfen und sich gegebenenfalls schnell zurückziehen zu können

- vermeidet Blickkontakt und wird deshalb als verschämt, gehemmt oder als ‚die Unwahrheit sagend' eingestuft

- ist gehemmt

- hat wenig Freunde

- ist zu bescheiden

- vertritt kaum eine eigene Meinung

- sagt immer „ja" (Jasager) und wird deshalb gerne ausgenutzt

- ist kein ‚Erfolgsmensch'

- weiß nicht, wie sie handeln soll

- ist unentschlossen, fragend

- zeigt wenig Eigeninitiative, hat ‚Angst' vor Entscheidungen

- versteckt sich gerne hinter der Meinung anderer

- wartet ab und wird deshalb kaum als Erste eine eigene Meinung äußern

- zweifelt an sich selbst, hat vielleicht sogar eine resignierte Lebenseinstellung

Meistens stimmt Ihr Gefühl mit den tatsächlichen Eigenschaften überein. Sie spüren sozusagen aus dem Unterbewusstsein heraus, wen Sie vor sich haben.

Im Gegensatz zur Person 2 wirkt Person 1 deutlich aufgeschlossener und erfolgreicher.

Die menschliche Ausstrahlung – das Menschometer

Ohne mit einem Menschen gesprochen zu haben, ‚bewerten‘ wir bereits das Gegenüber. Sie sollten jedoch nicht vergessen, dass Sie sich in allerhöchstens nur sieben Sekunden bereits aufgrund Ihrer Erfahrungen, die Sie im Leben sammelten, ein Bild Ihres Gegenübers machen. Und das, ohne dass irgendein Wort gewechselt wurde.

Verständlicherweise wird sich das eigene Verhalten dem Menschen gegenüber ändern oder anpassen, je nachdem, welchen Eindruck Sie von ihm haben. Gerne lässt sich das mit einem inneren Thermometer vergleichen, das jeder in sich trägt. Nennen wir dieses innere Thermometer das ‚Menschometer‘. Bevor Sie einen Menschen das erste Mal sehen, steht das Menschometer, diese Person betreffend, auf 0°, ist also neutral, ausgeglichen.

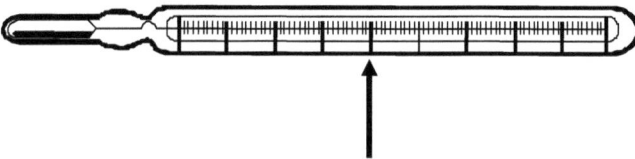

Ist das Erscheinungsbild, die Ausstrahlung des Gegenübers positiv, wird sich das Menschometer in den positiven ‚grünen‘ Bereich bewegen.

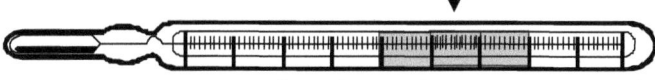

Im entgegengesetzten Fall wird es in den negativen ‚roten‘ Minusbereich fallen.

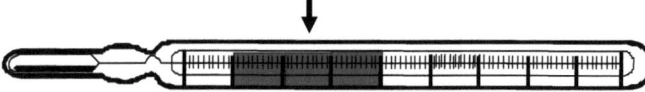

Welche der beiden Personen, links oder rechts, wird es nun wohl leichter haben zu überzeugen?

Na ja, die links abgebildete Person natürlich. Durch die positive, grüne Grundhaltung bedingt, nehmen wir die Aussagen dieser Person ebenso dankbar wie positiv auf. Das Menschometer steigt.

Beeinflussung des Menschometers

Stellen Sie sich die Situation des Redners vor. Ihre Teilnehmer haben alle ein Menschometer im Kopf, das gespannt auf Ihre Erscheinung wartet. Ihr Ziel als Präsentierender wird es wohl sein, eine positive Atmosphäre zu schaffen, die die Teilnehmer von Ihrer Aussage (aber auch von Ihrer Persönlichkeit) überzeugen wird.

Je ‚grüner‘ der erste Eindruck, desto erfolgreicher der Gesprächsverlauf!

Selbstverständlich können Sie auch aus dem roten Bereich heraus operieren. Vielleicht sind die Teilnehmer von Ihrem Vorredner, von den Raumbedingungen oder aus einer bestimmten Situation heraus bereits im roten Bereich angelangt.

Zuhörer in den ‚grünen‘ Bereich bringen

Sie können es schaffen, die Teilnehmer durch Ihre eigene Ausstrahlung erst in die neutrale Menschometer-Position zu manövrieren und anschließend sogar in den grünen Bereich. Allerdings kostet das sehr viel Energie, körperlich und geistig, aber auch Zeit, die verschwendet wird.

Vielleicht ist es Ihnen auch schon passiert, dass Sie die Zuhörer nicht in den grünen Bereich bringen konnten.

Das ist für alle Beteiligten eine sehr unbefriedigende Situation. Kritiken werden scharf geäußert. Die Teilnehmer blockieren und boykottieren den Redner, wo sie nur können.

Es entwickelt sich ein Gruppenkampf gegen den Sprecher, den dieser verlieren muss und auch verlieren wird. Hier ist alles Fachwissen umsonst.

Mimik

Sehr deutlich zeigt sich die Mimik einer Person. Hier tut sich sehr viel, sehr schnell. Im Gesicht eines Menschen ist eine Vielzahl von Gesichtsmuskeln am Mienenspiel beteiligt.

Es wird sogar gesagt, dass die Mimik bei älteren Menschen verrät, wie sie ihr Leben durchlaufen haben. Ist da was dran? Wir kennen den strahlenden gelben Smiley. Nur ein Kreis, 2 Punkte und ein gebogener Strich als Mund.

Betrachten Sie diesen Smiley, hier durch Augenbrauen ergänzt, doch einmal ganz genau und aufmerksam. Welche Gefühle erzeugt der Smiley in Ihnen?

Wie sind Ihre Gefühle beim Betrachten des Smileys?

Ich fühle mich:

- sicher, beruhigt
- freundlich
- angenommen
- willkommen

- akzeptiert als Mensch
- positiv beeinflusst
- fröhlich, glücklich
- lebensfroh

Und das alles nur aufgrund eines Strichgesichts (also noch nicht einmal eines Strichmännchens).

Der Vollständigkeit halber und um den Gegensatz auszudrücken, hier der zweite Smiley.

Nur der Mundstrich wurde gespiegelt. Und schon ergibt sich ein total anderes Bild.

Schauen Sie sich auch dieses Gesicht genau an und lassen Sie es auf sich wirken. Vielleicht sagen Sie, dass dies alles keine neue Erkenntnis für Sie ist.

Aber trotzdem ist das erneute Bewusstwerden dieser grundsätzlichen Beobachtungen doch fast unglaublich, oder?

Möchten Sie mit einem Menschen zu tun haben, der Ihnen wie der zweite Smiley entgegentritt?

Glauben Sie, ein Gesprächspartner möchte gerne mit Ihnen zusammenarbeiten, wenn Sie ihm mit solch einer Ausstrahlung entgegentreten?

Lächeln entwaffnet

Lächeln entwaffnet! Lächeln bringt unser Gegenüber in den grünen Bereich! Lächeln lässt uns unsere Ideen leichter verkaufen (Ideen, Themen, Waren, Leistung usw.).

Wenn Sie allein aufgrund der Mundpartie, die bei unseren beiden Smileys mit einem einfachen gebogenen Strich dargestellt wird, bereits so verschiedenartige Gefühle haben – wie sieht es dann in einem menschlichen Gesicht aus, in dem unendlich viele Nuancen erzeugt und wahrgenommen werden können!

Wer überzeugt und selbstsicher durch das Leben geht, wird in seiner Mimik seinen Erfolg sichtbar machen.

In Verhandlungen mit einem potentiellen Auftraggeber werden Sie viel bessere Konditionen erzielen als Ihre Mitbewerber! Und das nicht nur einmal, sondern ständig. Ihr gesamtes (Berufs-) Leben lang.

Und Ihr Erfolg im Vortrag ist fast schon zwingend vorgeschrieben!

Im 3. Teil des Ratgebers wird deutlich auf das Thema Lächeln eingegangen.

Gestik, Motorik

Die Gesamtheit der Gebärden und Bewegungen, die die Sprache unterstützen, wird als Gestik bezeichnet. Darunter fallen die Bewegungen der Arme, der Beine und des Kopfes.

Motorik

Unter Motorik wird die genaue Bewegung, zum Beispiel das Bewegen der Finger beim Griff nach einer Tasse oder das Halten eines Schreibstiftes verstanden. Der Einsatz der Finger, um einen Text mit der Hand zu schreiben, wird als Feinmotorik bezeichnet. Daumen und Zeigefinger vereinen eine Unmenge von Nervenzellen. Sie können beim Streichen mit den Fingern über Oberflächen neben der Temperatur auch genaue Eigenschaften aufnehmen. Ist die Oberfläche aus Stein, aus Holz, aus Stoff? Ist sie glatt, angeraut, grob? Trocken oder feucht? Liegt auf der Oberfläche eine Brotkrume oder eine Staubfluse?

Etwas begreifen

Um ‚begreifen‘ zu können, müssen Sie nach den Dingen ‚greifen‘. Nicht umsonst hören Sie immer wieder die verzweifelten Ausrufe junger Mütter in Geschäften:

„… lass die Finger davon …“

„… nicht anfassen …“

„… nur mit den Augen gucken …“

Die Finger und damit die Hände sind also extrem wichtig, um die Welt zu verstehen, zu begreifen. Deshalb können Sie mit den Händen auch viel mehr aussagen als mit Worten.

Bitten Sie jemanden zu erklären, was eine Wendeltreppe ist. In fast allen Fällen wird die Wendeltreppe mit den Fingern nachgezeichnet. Die Beschreibung mit den Fingern ist ausdrucksstärker, sicherer und einfacher als umständlich mit unserer Sprache.

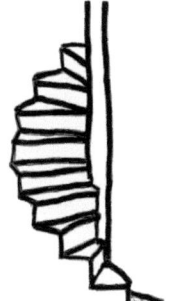

Hände unterstützen Aussagen. Sie kennen den Angler, der sooooo einen großen Fisch angelte?

In manchen Ländern werden Hände, ja sogar die Arme extrem in die gesprochene Sprache integriert.

Stellen Sie sich einen Italiener vor, der eine hübsche Frau oder eine appetitanregende Speise beschreibt.

In unserer Kultur haben wir manchmal Schwierigkeiten, auch die Hände während des Sprechens einzusetzen.

Damit wird der Vortrag beziehungsweise die Präsentation allerdings auch ‚gefühlskälter' und ist schwieriger zu verstehen.

Gestik gezielt einsetzen

Ein geschulter Präsentierender/Vortragender wird deshalb seine Gestik gezielt einsetzen, um verbale Aussagen verständlicher und damit bildhafter zu gestalten.

Im Interesse des Gesprächspartners sollten Sie allerdings vermeiden, vor diesem herumzuhampeln.

Inzwischen ist es kein Geheimnis mehr, dass unbewegte Hände und Arme die Gehirnarbeit blockieren. Bewegung der Arme und Gehirnarbeit stehen also in unmittelbarem Bezug zueinander.

Zeigen Sie sich lebhaft, arbeitet Ihr Gehirn aktiver.

Nonverbale Fragen und Antworten

Wie immer soll es das Ziel als Redner sein, die Bedürfnisse des Gegenübers zu erkennen.

Sprechen Sie an den Bedürfnissen vorbei, haben Sie das Ziel verfehlt.

Deshalb beobachten Sie ständig die Reaktionen der Dialog-partner auch in der Hinsicht: „Hat mich mein Gegenüber überhaupt verstanden? Wo habe ich mich unklar ausge-drückt?"

Bekannte nonverbale Signale als Fragen und Antworten sind zum Beispiel:

- das Hochziehen der Schultern und möglicherweise das gleichzeitige Zur-Seite-Schauen („Weiß ich nicht, frag mich nicht.")

- das Hochziehen der Augenbrauen mit gleichzeiti-gem Runzeln der Stirn („Ist das wohl wirklich so? Ist das wirklich wahr?")

- das Nicken mit dem Kopf („Ja, stimmt. Diese Be-obachtung habe ich an anderer Stelle bereits ge-macht.")

- das Runzeln der Stirn mit zusammengepressten Au-genlidern („Bitte erkläre mir das noch einmal.")

- den Kopf wiegen („Ob das wirklich so stimmt?")

- das Zur-Seite-Drehen der Augen auf eine dritte Per-son hin und anschließendes Verdrehen der Augen („Der/die ist wohl ein bisschen verrückt.")

- das Aufreißen der Augenpartie („Ist das wirklich wahr? Das kann ich gar nicht glauben!"

Sprache und Körpersprache

Die 7/93–Regel

Sie haben sich gut vorbereitet, mehrmals Ihre Präsentation trainiert, an jedem Wort und an jeder Satzstellung ‚stunden-lang' gefeilt. Ihre Präsentation ‚steht'. Und nun ist es so weit. Sie legen los.

Nach wenigen Minuten müssen Sie erkennen, dass der eine oder andere Zuhörer unaufmerksam wird. Der eine schaut auf die Armbanduhr, der andere gähnt ausgiebig.

Und was ist das? Einem Dritten scheinen die Augen zuzufal-len. Irritiert verheddern Sie sich. Sie werden nervös. Das Ende Ihrer Rede wird mit müdem Applaus bedacht.

Was war geschehen?

Hatten Sie vielleicht noch nicht von der ‚7/93-Regel' gehört? Diese besagt, dass von 100 % Informationspunkten sich

- nur 7 % auf die gesprochenen Wörter beziehen, aber

- immerhin 38 % auf die Art und Weise, <u>wie</u> Wörter ausgesprochen werden (Stimme – Melodie – Ton-lage, monoton usw.) ausmachen und

- stolze 55 % auf die Körpersprache zurückzuführen sind! (laut Untersuchung von Albert Mehrabian, US-Psychologe, *1939)

55 % – das ist mehr als die Hälfte! – drücken die Sprache des Körpers (nonverbal) aus, und nur 7 % die gesprochenen (verbalen) Wörter! Sie sind überrascht, verwundert oder können dieses Resultat fast nicht glauben?

Bitte führen Sie sich vor Augen, was dieses Ergebnis bedeu-tet:

- Es kommt (fast) nicht darauf an, <u>was</u> Sie sagen, son-dern

- <u>wie</u> Sie es sagen.

Das Drumherum gehört dazu

Das ganze ‚Drumherum' beeinflusst zusätzlich Ihre Zuhörer. Nicht umsonst arten manche Aktionärsversammlungen und Firmenpräsentationen fast zu Shows aus. Offensichtlich leben wir in einer Zeit, in der wir etwas ‚erleben' wollen, wie folgende Begriffe verraten:

- Erlebnisgastronomie
- Erlebnistourismus
- Erlebniseinkauf
- Erlebnispräsentation

Die Grenzen zwischen Präsentation und Show scheinen dabei kaum noch festzustellen. Ein jeder kann (und muss) für sich selbst festlegen, wie viel Erlebnis er in eine Präsentation einbringen will. Vielleicht überdenken Sie für sich die Zahlenkombination 7/93? Zur bildhaften Darstellung dieses Diagramm.

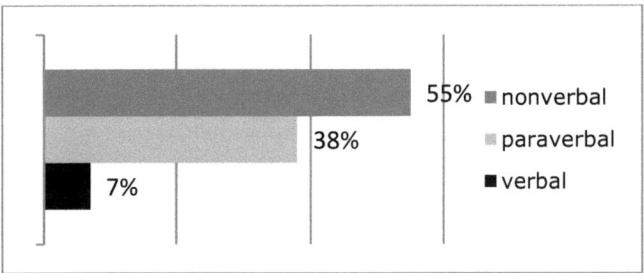

55% ■ nonverbal
38% ■ paraverbal
7% ■ verbal

Reden ohne Pult

Redner, die hinter einem Pult stehen, blockieren etwa die Hälfte ihrer Körpersprache, das heißt ca. 27,5 % (die Hälfte von 55 %) der Gesamtkommunikation. Mehr als ein Viertel der Kommunikation wird erst gar nicht zum Zuhörer gesendet. Ist das nicht ungeschickt? Der frei Stehende sendet 100 % ab.

Das kleine ABC der Körpersprache in Bezug auf ...

... die eigene äußere Erscheinung

Nicht nur der Körper redet mit dem Gegenüber, sondern auch das ‚Drumherum'.

- Kleidung
  - modern, konservativ, schmutzig ...
- Duft
  - aufdringlich, Persönlichkeit unterstreichend ...
- Statussymbole

- Fahrzeug, spezielle Sitzgelegenheit ...
- Accessoires
  - Aktenkoffer, Schreibstifte ...
- Schmuck
  - Brille, Armbanduhr ...

... die eigene Person

- Haltung
- offen
- verkrampft
- Gang
- selbstbewusst
- lahm
- Gestik
- ausladend
- kaum feststellbar
- Mimik
- lächelnd
- starr
- Atmung
- unruhig, hastig
- ruhig
- Stimme
- monoton

- abwechslungsreich
- Tonfall
- freundlich
- fordernd
- Sprachrhythmus
- stotternd
- flüssig

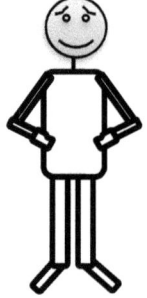

... die Zuschauer und auf die räumlichen Gegebenheiten

- Hierarchie
  - geistiges Level
  - die Stellung im Beruf
- Sprache
  - Verständigung
  - Spricht er dieselbe Sprache?
- Territorien
  - in der Cafeteria
  - im Büro des Vorgesetzten
- Standort
  - hinter einem Pult
  - frei stehend
- Sitzplatzwahl
  - mit dem Rücken zum Fenster oder
  - zur Tür ausgerichtet

Aber auch

- die eigene Tagesform
  - müde
  - gestresst
  - ausgeschlafen
  - engagiert
  - motiviert
- die eigene Erwartungshaltung
  - Vorurteile
  - Wertmaßstäbe
  - religiöse Einstellung
  - politische Einstellung
- und vieles andere mehr

Gesichtsausdruck

Glauben wir den Forschern, schafft sich ein Mensch, wenn er sich ein statisches Bild einer Versuchsperson anschaut, bereits nach ¼ Sekunde ein dezidiertes (entschiedenes, energisches, bestimmtes) Vorurteil (1. Eindruck).

Die Empfindungen sind gefühlsbetont. Die Versuchsperson erscheint zum Beispiel als sympathisch, autoritär, hinterhältig, intelligent, langweilig und so weiter.

Schöpferisches Schaffen

Auch nach längerer Betrachtung ändert sich das selbst geschaffene (schöpferisches Schaffen) Bild kaum oder selten. Demnach müsste im Gegensatz zu einem statischen Bild ein bewegtes Bild einer Versuchsperson den Betrachter noch viel stärker beeinflussen (Quelle: Spiegel 50/99).

Eine viertel Sekunde erscheint als sehr wenig Zeit. Andere Untersuchungen gehen von zwei bis drei Sekunden aus und wieder andere von sieben. Bleiben wir bei der relativ hohen Zahl Sieben als symbolische Zahl, wie eingangs erwähnt.

Die entscheidenden ersten 7 Sekunden

Wir wissen, in nur maximal 7 Sekunden entscheidet sich, ob jemand sein Gegenüber sympathisch findet oder nicht. In nur 7 Sekunden! Von diesen 7 Sekunden hängt häufig sehr viel ab; ein erfolgreich verlaufendes Verkaufsgespräch, ein optimales Vorstellungsgespräch oder ganz einfach auch nur eine positive Atmosphäre bei dem Mitmenschen im Beruf wie im privaten Bereich.

Diese Sekunden vermitteln den ersten Eindruck, den das Gegenüber erhält. Eine zweite Chance zum ersten Eindruck gibt es verständlicherweise nicht! Deshalb sind diese 7 Sekunden so außerordentlich wichtig für uns.

Die persönliche Note ist gefragt

Geschäftspartner, Kunden und Gäste erwarten vom heutigen Redner weit mehr als reines Fachwissen und Berufserfahrung. Die persönliche Note wird immer gezielter gefragt. Eine der Zeit angepasste Umgangsform entscheidet oft über den Abschluss eines Geschäftes.

Wie in einem Vorstellungsgespräch – unabhängig von der Dauer des Gesprächs – fällt bereits nach (etwa) vier Minuten die Entscheidung zum Kauf.

Das zeigt, dass offensichtlich die menschliche Komponente einen ausgesprochen starken Einfluss auf das Gegenüber hat.

Subjektiver erster Eindruck

Natürlich muss der erste Eindruck nicht korrekt sein; das ist fast unmöglich. Vielleicht ist der Mensch ganz anders als er erscheint.

Aber vor allem: Sie haben in kürzester Zeit einen Eindruck gewonnen. Und aus Ihrer Sicht – also subjektiv gesehen – gilt der erste Eindruck als richtig.

Sie haben einen Menschen als aufrichtig, gehemmt, freundlich, selbstbewusst, verkaufsorientiert handelnd usw. eingeschätzt.

Wie kann es sein, dass Sie einen Menschen in so kurzer Zeit einschätzen? Vielleicht hat die Person noch gar nichts gesagt!

Mit anderen Worten scheinen Sie auf Dinge, Elemente, Ausstrahlungen, die nicht-gesprochen also nonverbal erfolgen, zu reagieren.

Kopf hoch!

Bei Versuchen wurde sogar herausgefunden, dass ein Mensch, der (auf einem Bild) seinen Kopf neigt als demütig, der, der den Kopf hebt als überheblich bis arrogant eingeschätzt wird.

Natürlich sind wir Menschen und bilden uns deshalb einen ersten Eindruck – wir sind ja kein Computer, der gefühl- und emotionslos agiert.

Die Gefahr der Missdeutung besteht allerdings darin, dass wir einen falschen – möglicherweise absolut falschen – Eindruck von einer Person bekommen.

Daraus folgt, dass ein anschließendes Gespräch nicht unbedingt optimal verlaufen muss.

Greifbare, nicht-greifbare und persönliche Komponenten

Neben dem ‚greifbaren' Erscheinungsbild des Betrachteten selbst sowie ‚Dingen' und ‚nicht greifbaren' Eigenschaften, scheinen auch eigene persönliche Komponenten den ersten Eindruck zu beeinflussen.

Greifbare Komponenten

Zu den greifbaren Komponenten zählen:

Der Betrachtete:

- Geschlecht
- Körperbau
- Hautfarbe
- Haarstruktur

- Größe
- Alter
- Körpersprache

Dinge:

- Frisur
- Schmuck
- Kleidung

- Accessoires
- Medizinische Hilfsmittel

Nicht greifbare Komponenten

Zu den nicht greifbaren Komponenten zählen:

- Charisma
- Umgangsformen

- Authentizität
- Auftreten

Persönliche Komponenten

Zu den persönlichen Komponenten zählen:

- Eigene Tagesstimmung
- Werte

- Vorurteile
- Erwartungshaltungen

Körperdistanz – Distanzzonen

Wenn Sie einem Menschen körperlich zu nahe kommen, wird dieser einen Schritt zurückweichen. Er schafft einen größeren Abstand. Jeder von uns trägt eine Art unsichtbare Distanz-Wolke um sich.

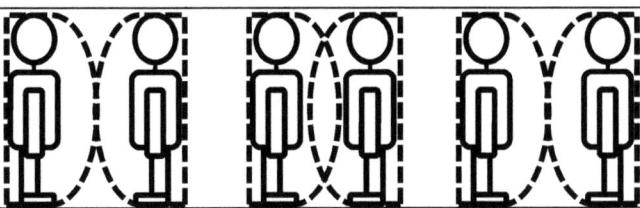

Der Abstand zwischen Wolkenaußenhülle und Körperhaut kann von Kultur zu Kultur und von Mensch zu Mensch verschieden sein.

Er beträgt zwischen 0 und bis zu 70 cm. 0 bedeutet die direkte Berührung der anderen Person.

Diese ersten Distanzzonen nennen wir persönliche Distanz beziehungsweise Intimdistanz.

Es ist die Distanz, die ein Mensch mühelos mit Einsatz der Arme verteidigen kann. Stehen sich zwei Gesprächspartner gegenüber, wahrt ein jeder automatisch und üblicherweise die Intimdistanz des anderen.

0 – 50 cm – intime Distanz, Ausnahme beim Friseur, beim Tanzen usw.

50 – 100 cm – persönliche Distanz,
zum Beispiel beim Smalltalk.

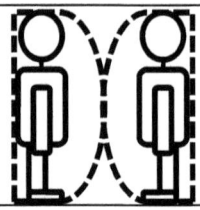

100 – 200/300 cm – ge-
sellschaftliche (soziale)
Distanz, Abwartezone, zum
Beispiel nachdem jemand
einen Raum betritt.

Mehr als
200/300 cm –
öffentliche
Distanz, die
zum Beispiel
ein Redner
zum Publikum
hält.

Distanzzone Null

Der Spiegel 4/2015 schreibt: „In der Politik wie im Berufsleben gibt es so etwas wie die Hierarchie der Berührung. Wer
Chef ist, der darf drücken und umarmen, das selbstver-
ständliche Überschreiten einer intimen Grenze ist auch Beleg
dafür, dass man sich über Regeln, die für andere gelten,
hinwegsetzen kann.

Vom Herrscher geherzt zu werden hat als Ehre zu gelten;
umgekehrt muss der Herrscher genau darauf achten, nicht
als Opfer einer ungehörigen Annäherung dazustehen." Offensichtlich ist es im gesellschaftlichen Bereich gar nicht so
einfach, die richtige Distanz zueinander zu finden.

Hier muss sensibel vorgegangen werden.

Ich beschütze dich – oder ich kontrolliere dich?

Einer legt dem anderen die Hand oder gar einen Teil des Arms auf die Schulter. Zeigt das Zuneigung und Vertrautheit oder eher Dominanz? Im beruflichen Umfeld ist diese Geste eher verpönt. Sie wird allerdings trotzdem gesehen – und zwar hierarchisch betrachtet von oben nach unten. Der Chef legt dem Mitarbeiter ‚motivierend‘ die Hand auf die Schulter. Ob das umgekehrt denkbar wäre?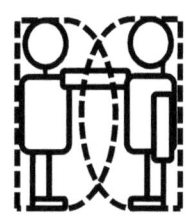

Distanzwolken

Das ‚saubere‘ Gespräch wahrt den Intimbereich des Gegenübers und baut Akzeptanz und Vertrauen auf.

Deshalb stehen beide Gesprächspartner so:

Die Wolkenhüllen berühren sich gerade. Ein guter Gedankenaustausch kann stattfinden.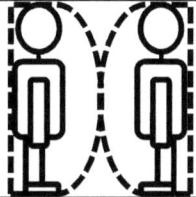

Kommt einer der beiden dem anderen zu nahe, stellt sich die Situation so dar:

Es wird in den Intimbereich des anderen eingedrungen. Dieser wird sich unwohl fühlen und – wenn die Möglichkeit besteht – fliehen.

Ein Austausch oder Verkauf ist nicht möglich. Wir alle wissen, wie unangenehm es für uns ist, wenn in unseren Intimbereich eingedrungen wird.

Privatdistanz und Un-Person

Erinnern wir uns an die Situation in einem Aufzug. Hier können wir wegen der räumlichen Gegebenheiten nicht die nötigte und gewünschte Distanz wahren.

Deshalb starren die Passagiere verzweifelt auf die Etagenanzeige oder an die Aufzugdecke. Sie vermeiden Blickkontakt, um keine Aggression aufkommen zu lassen.

Sie sind glücklich, sobald der Aufzug verlassen werden kann.

In bestimmten Situationen müssen Sie akzeptieren, dass jemand in Ihre Privatdistanz eindringt. Unter Umständen geschieht dieses Eindringen bis an Ihren Körper, zum Beispiel beim Arzt, Masseur, Friseur und so weiter.

Das Berühren des fremden Körpers bedeutet eine extreme Verletzung des Intimbereichs.

Sie erlauben das nur demjenigen, dem Sie ,intim' sehr nahestehen. Das berufsbedingte Eindringen können Sie nur dadurch akzeptieren, wenn Sie diesen Menschen als Un-Person betrachten.

Der Mensch als Nicht-Person

Un-Person in diesem Zusammenhang bedeutet, dass Sie gedanklich ausschalten, einen ,Menschen' um sich zu haben und damit das Eindringen in den privaten Bereich akzeptieren können.

Möchte der Redner keine Aggression heraufbeschwören, soll er immer darauf achten, dass die Privatdistanz des Zuhörers respektiert wird.

Die körperliche Berührung ist sowieso tabu. Sie wird ausschließlich zur Begrüßung und zur Verabschiedung durch das Händereichen gebrochen.

Ein sitzender Teilnehmer wird Schwierigkeiten damit haben, wenn sich der Redner, vielleicht Hilfe anbietend, über ihn beugt. Der Redner wirkt dann belehrend und stark bedrohend.

Gebietsbereich

Neben der Privatdistanz gibt es den Gebietsbereich. Im Privatleben ist das die eigene Wohnung, der Garten oder der Balkon, aber auch der Bereich in Ihrem Auto und sogar unmittelbar um das Auto herum.

Diesen Gebietsbereich benötigen Sie, um das tägliche Leben gefahrenfrei zu leben und zu meistern.

Also gehören auch der Arbeitsplatz und der Schreibtisch zum Gebietsbereich.

Die Schreibfläche gehört deswegen zum Gebietsbereich, weil Sie dort eigene Arbeitsunterlagen ablegen und eben diese Fläche benötigen, um zu arbeiten und zu lernen.

Den Gebietsbereich achten

Deshalb sollte der Kunde/Gast/Besucher sich nicht auf diese Schreibfläche mit den Händen aufstützen oder sich gar auf diesen Tisch setzen.

Das bedeutet ein deutliches Eindringen in den Gebietsbereich und wird dementsprechend negativ empfunden.

Gibt der Gesprächspartner dem Gegenüber nicht die Möglichkeit, einen eigenen Gebietsbereich aufzubauen, wird in der Regel das Gegenüber äußerst vorsichtig, aufmerksam, eventuell sogar gehemmt agieren.

Manche Gesprächspartner wünschen diese Situation, vielleicht, weil sie damit automatisch eine stärkere Position und damit Machtstellung erreichen.

Respektieren Sie als Redner auch den unsichtbaren Gebietsbereich des Zuhörers, sowie die sichtbaren Unterlagen, wie zum Beispiel einen Notizblock.

Sie sind für den Redner tabu.

Teil 2 – Gesten machen das Gesagte greifbar

Das Vorgetragene ‚begreifen‘

Stinkefinger und Victory-Zeichen

Die bekannte ‚Kanzlerin-Raute‘ war das Markenzeichen der langjährigen deutschen Bundeskanzlerin.

Der hochgestreckte Stinkefinger eines namhaften Sportlers wurde nach ihm benannt.

Das ‚Victory‘-Zeichen eines britischen Premierministers hat bis heute überlebt.

Egal ob diese Gesten gezielt oder spontan eingesetzt werden, stehen sie für ihre deutliche Aussagekraft. Nur durch eine bestimmte Haltung von Finger, Hand oder Arm übermittelt eine Person zeitgleich hunderten ja vielleicht tausenden Menschen eine eindeutige Botschaft.

Und das alles, ohne auch nur ein Wort auszusprechen.

Diese drei Beispiele zeigen, wie (un-)ausgesprochen wichtig die Sprache des Körpers ist.

„Ich will es begreifen!"

Die deutsche Sprache verrät es bereits. Wenn einer stöhnt „Ich kann es nicht begreifen" drückt er damit aus, einen bestimmten Sachverhalt nicht verstehen zu können. Schlecht für den Redner. Oder doch nicht?

Er muss das Vorgetragene ganz einfach (be-)greifbar machen.

Nur das Gehör einsetzen und das Gesprochene verstehen langt nicht. Das haben die weiter oben dargestellten Prozentzahlen bereits ausgedrückt. Lassen Sie einen weiteren Sinn, den Tastsinn, eingreifen (greifen!).

Zeigen Sie durch den Einsatz Ihrer Hände unterstützend an, was Sie gerade erläutern.

„Das Thema ist unwahr-
scheinlich komplex."

Mit beiden senkrecht gehaltenen Händen – die Kante am
kleinen Finger zeigt zum Zuhörer – bilden Sie einen ein-
grenzenden Bereich ab.

Damit wird der komplette Umfang des Themas gezeigt.

„Lassen Sie uns heute auf die
wichtige Basis eingehen."

Durch das Zusammenführen beider Hände grenzen Sie
nun das gesamte Thema zu einem kleineren Teil ein.

Der Zuhörer kann erkennen, dass aus dem großen, ge-
samten Thema jetzt ein kleiner Ausschnitt bearbeitet
wird.

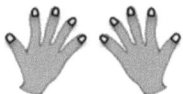

„Nähern Sie sich dem inte-
ressanten Thema."

Mit einer Hand oder mit beiden Händen – die Oberseite
der Hände zeigen zum Betrachter – winken Sie sozusagen
den Zuhörer zu sich heran.

„Aber bewahren Sie einen objektiven Abstand."

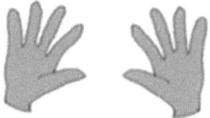

Sie drehen die Hände so, dass die Innenseite zum Publikum zeigt. Gleichzeitig wenden Sie die Hände etwas von Ihrem Oberkörper ab Richtung Zuhörer. Durch diese Geste zeigen Sie eine gewünschte Distanz an.

Schon haben Sie Ihre Hände unterstützend eingesetzt; die verbale Aussage wird greifbar. Abgesehen davon vermitteln Sie bei diesem Vorgehen die oben beschriebenen kongruenten Botschaften. Gesprochenes und Gezeigtes laufen synchron.

Die sensiblen Fingerspitzen

Gerade in den Fingerspitzen haben unglaublich viele Nervenzellen ihren Sitz, die Berührungen aller Art sofort und intensiv ans Gehirn weiterleiten. Gute Redner können durch Einsatz von Gesten nicht nur die Vorstellung eines Hörers anregen („ungefähr ein Meter hoch"), sondern auch das Sinnesempfinden („eine schwere Kugel aus Glas").

Lebhafter Einsatz von Gesten

Was ermöglichen Gesten nicht alles? Sie können beispielsweise angeben:

- Längenmaß
  - 1 m (mit der flach ausgestreckten Hand – Handfläche nach unten – wird die ungefähre Höhe eines Meters angezeigt)
- Gewichtsmaß
  - 100 Gramm (eine Hand – mit der Oberfläche nach oben – wiegt ein nicht vorhandenes Gewicht ab)
- Zahl
  - 3 (Mittelfinger, Zeigefinger und Daumen liegen parallel nebeneinander und werden nach oben gehalten)

- Symbol
  - Kreuz (die Zeigefinger beider Hände werden im rechten Winkel zueinander gekreuzt)
- Sache
  - Pyramide (die Fingerspitzen der beiden Zeigefinger zeigen zueinander sowie die Spitzen beider Daumen. Sie bilden ein Dreieck und damit die Seite einer Pyramide)
- Form
  - oval (Daumen und Zeigefinger berühren einander bei der Spitze und bilden einen abgeflachten Kreis)
- Richtung
  - dort (mit dem ausgestreckten Zeigefinger und ausgestrecktem Arm wird auf einen bestimmten Punkt in der Entfernung gezeigt)
- Bewegung
  - von hier nach dort (der ausgestreckte Zeigefinger zeigt auf einen entfernten Punkt und bewegt sich dann zu einem anderen)
- Empfindung
  - gut so (der ausgestreckte Daumen zeigt nach oben, die eingeklappten Finger nach innen)
- Eigenschaft
  - ungefähr (eine Hand wird waagrecht leicht nach vorn gezeigt und wackelt einmal bis zweimal hin und her)
- Vorgang
  - telefonieren (der kleine Finger und der Daumen einer Hand sind gestreckt, die anderen drei Finger nach innen geklappt. Die Hand wird zu einem Ohr geführt, wobei der Daumen am Ohr liegt und der kleine Finger vor dem Mund)

Wer diese Überlegungen durchdenkt, dem sollte nachvollziehbar sein, wie vielfältig und gleichzeitig wichtig der Einsatz von Gesten ist.

Gesten verbinden

Der eine kommt vom Hölzchen aufs Stöckchen, wir kommen vom Finger zur Hand.

Die folgenden Beispiele zeigen Gesten, die das Verhältnis zweier Menschen zueinander darstellen.

- Sie reichen einander die Hand
  - nach einem langen Streit zur Versöhnung
- Sie reichen sich die Hand
  - zur Begrüßung und (früher) als Zeichen, keine Waffe in der Hand zu halten
- Er klopft dem anderen auf die Schulter
  - zur Ermutigung oder als Lob
- Er nimmt jemanden am Arm
  - um ihn schützend zu führen beziehungsweise zu lenken
- Er umarmt jemanden
  - zur Begrüßung und als Ausdruck der Freundschaft, aber auch zum Trost
- Sie halten einander an der Hand
  - beim Spazierengehen; um Einigkeit zu demonstrieren
- Sie haken sich gegenseitig unter
  - um eine breite, feste Front zu bilden

Auf den folgenden Seiten werden einige Gesten gezeigt, die sinnvoll Ihren Vortrag unterstützen oder nur in bestimmten Gesprächssituationen von Ihnen gezielt eingesetzt werden sollen.

Legen Sie los – es liegt in Ihrer Hand!

Die Gestik

Mit Hand und Fuß reden

Manch ein Redner will ein fesselndes Thema bieten, steht aber angewurzelt da wie eine 200-jährige Eiche. Je länger die Präsentation dauert, desto eintöniger und langweiliger wirkt der Redner auf seine Zuhörer.

Andere wiederum springen auf der Bühne hin und her, als seien sie von einer Herde Ameisen überfallen. Die Präsentation wirkt dadurch unruhig und bringt die Zuhörer durcheinander. Eine Kombination beider Verhaltensmuster scheint in den meisten Fällen angebracht.

Unpassende Kleidung behindert den guten Einsatz von Gesten

Um Gesten vernünftig einsetzen zu können, soll sich der Präsentierende ‚frei' bewegen können. Damit ist gemeint, dass er weder räumlich (zum Beispiel hinter einem Pult) ‚gefesselt' steht, noch durch seine Kleidung in seiner Bewegungsfreiheit eingeschränkt wird. Deshalb wird er passende Kleidung bevorzugen.

- Die Kleidung passt zum Redeanlass.
- Sie passt zum Redethema.
- Das Publikum soll nicht durch die Kleidung abgelenkt werden, sondern soll sich auf den Redeinhalt konzentrieren.

Die Kleidung soll also der Zielgruppe, aber auch dem Anlass angepasst sein. Damit Sie sich bestens entfalten können, sollten Sie sich in Ihrer Kleidung wohlfühlen. Zu eng geschnittene Kleidung oder Ärmel, die beim Ausstrecken des Armes fast bis zu den Ellbogen hoch rutschen, behindern den gezielten Einsatz Ihrer Gesten.

Auch wenn Sie zu starkem Schweiß neigen und sich dadurch Schweißflecken bilden, kann Ihnen das in Ihrer freien Entfaltung erhebliche Nachteile bringen.

Betrachten wir uns die Armhaltung. Eine gute Haltung der Arme unterstützt das Gesagte. Achtung: Arme nicht verschränken, besonders nicht zu Beginn der Präsentation. Die Arme sollen nicht verschlossen vor dem Körper liegen, da diese Haltung gerne als ‚Blockade' gewertet wird.

Wohin mit den Armen und Händen beim Reden?

Die Arme liegen vor der Brust.

Diese Körperhaltung wird als Reaktion auf eine vorangegangene Aktion in der Regel negativ bewertet. Die betreffende Person verschließt sich, vielleicht verspürt sie Angst, Hemmungen oder ein Unwohlsein und versucht daher aus dieser Furcht heraus, einen vermeintlichen Angriff abzuwehren.

Die Arme sind in die Hüfte gestemmt.

Der Sprechende versucht, sich stärker und größer zu machen, als er ist. Gleichzeitig hält er sich an sich selbst fest. Zum einen entspricht sein Verhalten einem Imponiergehabe, zum anderen wird Entrüstung ausgedrückt: „Also, das sage ich Dir aber!"

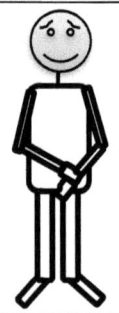

Ein Unterarm wird mit einer Hand gehalten.

Eine gewisse Unsicherheit ist spürbar. Der Sprechende versteckt sich hinter sich selbst.

Er hält sich sozusagen an sich selbst fest. Da er Halt sucht, scheint er schwach zu sein.

Beide Hände liegen ineinander und bilden die Bitte-Haltung.

Die Finger werden ineinander verflochten. „Bitte tut mir nichts." „Stellt mir keine Fragen, die ich nicht beantworten kann." Diese Gestik wirkt nicht unbedingt stark.

Eine Hand steckt in der Hosentasche.

Das soll lässig wirken. Nach heutigen Umgangsformen erlaubt, wenn sie hin und wieder gezeigt wird; allerdings nicht in den ersten Minuten. Auf den Zuhörer wirkt diese Körperhaltung dann als leicht arrogant.

Beide Hände stecken in den Hosentaschen.

Diese Haltung wird nach wie vor als sehr unhöflich und arrogant gewertet. Die Person will zeigen, dass sie die Situation beherrscht, ist in Wirklichkeit aber wahrscheinlich sehr nervös.

Beide Arme liegen hinter dem Rücken. Die Hände halten aneinander fest.

Die Hände werden vor dem Zuhörer versteckt. Dadurch kann der Zuhörer nichts mehr aus der Gestik ablesen. Es soll heißen: „Ich bin brav – und höre aufmerksam zu.“ Auf Dauer wirkt diese Haltung allerdings zu unterwürfig und wirkt schwach.

Ein Arm liegt angewinkelt vor dem Körper.

Ein Arm ist angewinkelt und die Hand wird ungefähr in Höhe des Bauches gehalten. Gilt als leicht schützende Haltung, wirkt aber nicht unangenehm auf die Zuhörer.

Beide Arme können hin und wieder gewechselt werden.

Mit der Präsentation (und der entsprechend passenden Gestik) erst dann beginnen, wenn Redner und Publikum bereit sind. Geben Sie Ihren Zuhörern ein wenig Zeit, sich zu sammeln.

Achten Sie besonders auf die Haltung Ihrer Hände. Keine Faust, keine gestreckten Finger (besser: leicht gekrümmte Hand = Annahme und Darbietung). Mit den Fingern und Händen und damit auch mit der zur Faust geballten Hand können Sie sehr viel ausdrücken. Infolgedessen können diese Gesten auch unterschiedlich bewertet und missverstanden werden.

Deshalb: Vorsicht mit Handbewegungen dieser Art. Aber nicht aus lauter Furcht gar keine Gestik einsetzen. Sonst verlieren Sie Ihre menschliche Ausdruckskraft beziehungsweise Ihr überzeugtes Auftreten.

Bejahende und verneinende Gesten

Verallgemeinernd gilt: Bejahende Gesten nach oben zum Körper ausführen und verneinende Gesten nach unten und vom Körper weg. Und: Übertreibend – große Gesten; bescheiden – kleine Gesten.

Wie bei vielen anderen Dingen auch, scheint der ‚Goldene Mittelweg' in unseren Breitengraden die beste Umsetzung zu sein.

Die Arme in Bewegung

Enge Armbewegung bei der Gestikulation.

Die wenig ausholende Armbewegung während des Sprechens, Vortragens und Gestikulierens zeigt ein gewisses Maß an Unsicherheit.

Der Arm ist immer in der Nähe des Körpers und bereit, diesen bei einem vermeintlichen Angriff schnell zu schützen.

Die Arme sind nach vorn ausgestreckt.

Die Person verkürzt durch das Vorstrecken der Hände die Distanz zum Gesprächspartner. Das ist positiv zu werten.

Diese Körperhaltung sagt: „Sei herzlich willkommen." Oder: „Komme zu mir."

Lasst die Hände sprechen

Die Hände bilden ein Spitzdach.

Zeigen die Fingerspitzen beim Spitzdach nach oben, so kann diese Haltung Arroganz ausdrücken: „Jetzt höre mal zu!" Zeigen die Fingerspitzen des Daches zum Gegenüber, ist mit einem verbalen Angriff zu rechnen.

Die Hände bilden eine Raute beziehungsweise ein Boot.

Die Hände liegen nahe am Körper an. Die beiden Daumen zeigen nach oben und bilden eine Spitze. Die anderen Finger zeigen nach unten, berühren die Fingerspitzen der anderen Hand und bilden damit ein Dreieck nach unten.

Für die Haltung ist es gleich, ob die zusammengeführten Hände mit den Fingerspitzen nach unten oder in Richtung Zuschauer zeigen. Die Bedeutung bleibt identisch.

Die Geste zeigt den Grundriss eines Bootes, das vom Kapitän gelenkt wird. Die beiden Daumen stehen stellvertretend für den Redner. Das Boot (der Redeinhalt) gelangt dahin, wohin es der Kapitän bewusst steuert.

Obwohl sie harmlos aussieht, ist diese Geste eine starke, da sie Störungen oder Zwischenrufe nicht zulässt. Zu Beginn einer Rede passt sie sehr gut. Danach sollte sie aufgelöst werden, da sich der Zuschauer gegebenenfalls bedroht fühlen könnte.

Die Hände werden aneinander gerieben.

Die Person ist selbstsicher und gut gelaunt. Das Geschäft gilt als ‚gemacht'. Eine typische Geste bei Verkäufern, denen eben ein Geschäftsabschluss gelungen ist. Meist wird diese Bewegung durch einen positiven Gesichtsausdruck, wie ein verschmitztes Lächeln, verstärkt.

Früher war diese Haltung bei Verkäufern zu sehen, sobald ein Kunde den Laden betrat. Er sah das ‚Geschäft' bereits als erfolgreich umgesetzt an.

Ins heutige Berufsleben übertragen könnte die Geste negativ gedeutet werden, da der dazukommende Gesprächspartner glauben könnte, das Ergebnis des Gesprächs wäre bereits (zu seinem Nachteil) entschieden.

Eine Hand wird senkrecht gehalten. Die Handkante zeigt in Richtung Zuhörer.

Die Person bahnt sich mit dieser Handbewegung einen Weg durch eine gedachte Menge. Dies geschieht, um sich Platz und Raum zum Durchgehen zu schaffen oder in der Präsentation, um sich durch die im Raum stehenden Argumente ‚zu pflügen'.

Beide Hände werden senkrecht gehalten. Die Handkante zeigt in Richtung Zuhörer.

Mit beiden Händen wird ein unsichtbarer Raum eingegrenzt. „Von hier bis hier!". Das Gesagte wird räumlich von anderem (Ungesagtem) ausgegrenzt.

Mit einer Hand wird in die andere gehackt.

Dies ist eine deutlich aggressive Geste. Hier wird ein Einwurf oder das Argument ‚abgehackt'.

Die Aussage könnte sein: „Ich stelle klar."; „So ist es gemeint und nicht anders." Der Betreffende wünscht keine weitere Diskussion zu diesem Thema.

Unwillkürliche Geste

Es wird unterschieden zwischen unwillkürlichen Gesten und willkürlichen Gesten. Zur ersten Gruppe gehören angeborene Reflexe (Schutzreflexe), die der Körper ‚zur Verteidigung‘ nutzt. Damit verhindern wir, dass uns zum Beispiel eine Fliege ins Auge fliegt.

Auch spontane Reflexe (spontanes Bücken), wenn jemand beispielsweise in der Kindheit häufig Klapse auf den Hinterkopf bekam, gehören zu den übernommenen Reflexen.

Willkürliche Geste

In der zweiten Gruppe finden wir die willkürlichen Gesten. Das sind Bewegungen des Kopfes, der Arme, der Hände, die ganz bewusst ausgeführt werden.

Einzel-Gesten

Hände und Finger sagen – im Sinne der Körpersprache – unglaublich viel aus. Kleine Nuancen können schon verschiedene Aussagen bedeuten. Alle Gesten können in folgende Gruppen geordnet werden:

Unterstreichungs-Geste.

Diese Geste zeigt, dass etwas abgehakt oder abgeschnitten wird. „Bis hierher – und nicht weiter!"

Zeige-/Hinweis-Geste.

Durch diese deutliche Darstellung wird etwas ‚ganz klar‘ gemacht. „So machen wir das, und nicht anders!" Diese Geste erzeugt Aufmerksamkeit. Wird die linke Hand gehoben, wird das Gefühl angesprochen, mit der rechten Hand geht es um Sach-Interessen.

Demonstrativ-Geste.

Ein Arm ist etwas abgewinkelt. Die Hand zeigt parallel zum Fußboden. Hier wird beispielsweise eine Höhe oder eine Maßeinheit angezeigt.

Abgrenzungs-Geste.

Beide Arme werden nach oben angewinkelt, die Handflächen zeigen zum Betrachter. „Bis hierher und nicht weiter."

Betonungs-Geste.

Diese Geste unterstreicht oder untermauert eine Aussage. „Ja, so wird es umgesetzt." „Das ist korrekt so."

Illustrierende Geste.

Mit den Fingern werden Zeichen in die Luft gemalt. Hier die gespreizten Zeige- und Mittelfinger einer Hand. „Einverstanden!" „Victory."

Liegen beide Finger parallel nebeneinander, dann wird die Zahl 2 angegeben.

Sprachersatz-Geste.

Diese Gesten finden wir zum Beispiel in der Gebärdensprache. Oder über weitere Distanz soll ein Buchstabe (hier das ‚P') vermittelt werden.

Symbolische Geste.

Der Zeigefinger und der Daumen berühren sich an der Spitze und bilden einen Kreis. In unserer Kultur steht das für „OK".

Berührungs-Geste.

Einer der beiden berührt den anderen. Die Aufmerksamkeit des Gegenübers wird erhöht.

Manchmal begrüßen sich zwei Personen (mit der rechten Hand) und berühren den anderen jeweils mit der linken Hand an der Schulter. Hier soll Verbundenheit und/oder Freundschaft gezeigt werden.

Mithilfe der Sprache des Körpers können wir ausdrücken, was wir empfinden und was wir wollen. Viele Dialoge lassen sich rein körpersprachlich vermitteln. Bekannte Pantomimen zeigen uns das immer wieder. Im Laufe der Jahrhunderte ging der Mensch dazu über, seine Gesten mit begleitenden Wörtern zu unterstreichen.

Im Ausland wird eine andere Sprache des Körpers gesprochen

Körpersprachliche Missverständnisse vermeiden

Bekanntlich sprechen die Deutschen eine andere Sprache als die Chinesen oder als die Brasilianer oder als die Kongolesen und so weiter und so weiter.

Demnach sollte es nicht verwundern, dass manche körpersprachliche Geste in anderen Ländern ganz anders ‚übersetzt' wird.

Wir betrachten mögliche körpersprachliche Missdeutungen in anderen Ländern.

Also: Vorsicht bei Gesten aller Art – damit mit Menschen anderer Kulturen keine Missverständnisse entstehen.

Unterschiedliche Deutung bei Finger und Hand

„Alles o.k.!" oder „Du Null!"

In unserer Kultur und auch in den USA heißt das Zusammenfügen des Zeigefingers und des Daumens: „Wunderbar, okay".

Taucher signalisieren damit, dass es keine Probleme gibt.

In Italien, Spanien, Griechenland und Russland bedeutet es hingegen die anale Körperöffnung. Also: eine sehr grobe Beleidigung.

In Frankreich, Belgien, Tunesien beschimpfen Sie damit Ihr Gegenüber als ‚Null'. Oder auch: Etwas ist wertlos.

Mal was Angenehmeres: In Japan steht diese Geste für ‚Geld'.

„Super!" oder „Verschwinde!"

Bei uns ist das ein positives Zeichen, das ein gutes Ergebnis anzeigt: „Das hast du gut gemacht." Oder: „Klasse – 1A." Eine gute Geste für das Gespräch.

In China steht diese Geste für die Zahl 5, in Indonesien für die Zahl 6.

In Russland bedeutet diese Geste hingegen eine Beleidigung. Im Iran sogar eine sehr böse Beleidigung. In Australien und Nigeria heißt sie: „Verschwinde!"

In der Türkei und in Griechenland gilt diese Geste als obszön, fordert sie doch zum Geschlechtsverkehr auf. Wird der Daumen dabei auf und ab bewegt, ist homosexueller Geschlechtsverkehr gemeint.

Tja, was heißt das? In unserer Kultur eine klasse Sache – in anderen Ländern eine Aufforderung zu sexuellem Austausch. Wie mag diese Geste von einem unbekannten Zuhörer gedeutet werden? Wir wissen es nicht. Also: Möglichst nicht einsetzen.

Wenn Sie erkennen, wann und wofür Ihr Gegenüber diese Geste einsetzt, können Sie sie passend in den weiteren Kontext einfügen.

„Willkommen!" oder „Stopp, nicht weiter!"

Er hält eine geöffnete Hand vor sich, mit der Handinnenfläche zu uns. Die Person zeigt, dass sie keine Waffe in der Hand hält. Die Person will der anderen nichts tun. Die Hand befindet sich dann ungefähr in Kopfhöhe. Sie deutet einen Willkommensgruß an.

Allerdings kann das Heben der Hand auch als ‚Stopp!' gedeutet werden. ‚Bis hierhin und nicht weiter!' Dann wird die Hand vor die Brust gehalten.

„Dem zeige ich es!" oder „Einverstanden!"

Das Drohen mit einer Faust ist ein eindeutig aggressives Zeichen.

Die Person hält im Augenblick ihre Erregung zurück. Sie ist wütend, möchte ‚draufhauen'.

In den meisten Kulturen dieser Welt hat diese Geste eine drohende, aggressive Bedeutung.

In arabischen Ländern hingegen bedeutet diese Geste die Einladung zum sexuellen Austausch.

Klopfen Sie mit einer Faust in die andere Handfläche, bedeutet das bei uns: „Auf geht es!" Oder: „Dem zeigen wir es jetzt!"

In einigen westafrikanischen Ländern steht diese Geste für ‚einverstanden sein'.

In Chile und einigen arabischen Ländern steht sie für die Aufforderung zum gemeinsamen Geschlechtsverkehr.

„Du warst es!" oder „Ich könnte dich abknallen!"

Die Fingerspitze zielt angreifend auf eine andere Person.

Es wird eine Art Beschuldigung ausgesprochen „Der da, der hat`s getan." Oder: „Das, was DU gesagt hast, ist …"

Diese Geste kann als ausgesprochen angreifend gelten. Deshalb als Redner nicht mit dem Finger auf eine Person deuten.

Es sieht aus, als würde jemand mit einem Revolver abgeschossen.

Wird gar mit ausgestrecktem Arm mit dem Zeigefinger auf einen Menschen gedeutet, wirkt das noch aggressiver.

Der ausgestreckte Arm verkürzt die Distanz zum Gesprächspartner, wobei gleichzeitig die ‚Treffsicherheit' erhöht wird.

Dies ist dann eine sehr unhöfliche, anklagende Geste. Deutlich wird auf eine andere Person aufmerksam gemacht, um sie zu beschuldigen oder bloßzustellen.

In vielen Ländern wird nicht mit dem Zeigefinger, sondern mit dem Daumen auf etwas oder jemanden gezeigt.

In China steht diese Geste für die Zahl 8.

In Thailand und Nepal gilt das als Beleidigung, in Südafrika sogar als Angriffsgeste.

Durch das Ausstrecken des Arms vergrößert der Deutende seinen Aktionsradius erheblich.

Das wirkt auf andere oft aggressiv. In Ländern mit zurückhaltender Gestik gelten weit ausholende Bewegungen per se schon als unhöflich.

Unterschiedliche Deutung bei Arm und Oberkörper

„Du bist intelligent!" oder „Du hast wohl einen Vogel?"

Mit dem Zeigefinger wird an die eigene Stirn gezeigt. Das intelligente Verhalten beziehungsweise die Intelligenz des Gesprächspartners wird angezweifelt.

Allerdings bedeutet diese Geste in den USA, dass jemand als besonders intelligent bezeichnet wird. Wunderbar.

Wir wissen demnach nicht, ob uns unser Gegenüber als intelligent oder dumm einschätzt.

Werden zwei Finger oder sogar alle gegen die Stirn gehalten, gilt die Geste als Gruß. Nach einem kurzen Berühren der Stirn wird die Hand nach unten genommen.

„Mir steht es bis hier!" oder „Ich mache dich einen Kopf kürzer!"

Die Hand wird ruhig gehalten: Die Person ist augenblicklich in einer gestressten und/oder schlechten Verfassung. Mit dieser Handgeste sagt sie aus: „Es steht mir bis hier."

Sie hat also das Höchstmaß der unangenehmen Erfahrung erreicht. Ginge es weiter, würde sie ‚ertrinken'.

In Polen soll angedeutet werden, dass bei dieser Variante jemand mit Alkohol abgefüllt, also volltrunken ist.

Oder schlimmer, wenn die Hand seitlich bewegt wurde: Hier möchte die Person offensichtlich einer anderen Person die ‚Kehle durchschneiden‘.

Diese Körperbewegung ist deshalb als aggressiv zu deuten.

Unterschiedliche Deutung bei Kopf und Körper

„Ich mag dich nicht!“ oder „Herzlich willkommen!“

Der Gesprächspartner, dem die Zunge herausgestreckt wird, wird von seinem Gegenüber beleidigt und nicht geachtet.

Diese Körperhaltung ist als sehr negativ zu bewerten.

Im privaten Kreis wird sie manchmal auch als ‚spaßige‘ Geste eingesetzt.

Im Tibet hingegen können Sie diese Geste als freundlich gemeinte Begrüßung erleben.

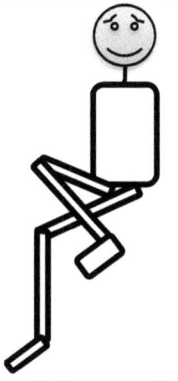

„Ich fühle mich unwohl!“ oder „Du bist schmutzig!“

Die Schuhsohle des Sitzenden ist sichtbar.

Diese Körperhaltung wird oft als negativ und abweisend, ja blockierend gewertet.

Das aufgelegte Bein – in einer Gesprächsrunde – zeigt eine Art Blockade, vergleichbar mit den verschränkten Armen vor der Brust.

In Ländern mit muslimischem Glauben ist diese Sitzhaltung eine grobe Beleidigung, weil die Schuhsohle sichtbar ist. Die Schuhsohle berührte zuvor den am Boden liegenden Schmutz.

Wird die Schuhsohle dem anderen gezeigt, dann empfindet dieser, dass er auf gleicher Ebene ist wie der Schmutz. Er sieht die Schuhsohle von unten. Das gilt als beleidigend, sogar als schwer beleidigend.

Es kann sogar sein, dass ein Gesprächspartner erbost den Raum verlässt, wenn er diese Körperhaltung beim Gegenüber wahrnimmt.

Auf dem Boden sitzen

Sollten Sie mit gekreuzten Beinen (Männer) auf dem Boden sitzen, dann zeigen Ihre Fußsohlen nach hinten.

Frauen setzen sich so, dass ihre Beine an einer Körperseite nach hinten zeigen. Dabei liegen die Beine parallel übereinander. Die Füße weisen nach hinten, weg vom Gesprächspartner.

„Nein!" oder „Ja!"

Ihr Gegenüber wackelt mit dem Kopf leicht von einer Seite auf die andere. In unserer Kultur würde das eher als zweifelnder Ausdruck gedeutet werden. „Ob das wohl stimmt?"

In Indien hingegen bedeutet diese Kopfbewegung Zustimmung. Ein kurzes Kopfnicken kann ‚Ja' bedeuten.

Missverstehen bei ausländischen Gesprächspartnern

Sind Sie im nonverbalen Verhalten einem anderen gegenüber unsicher, dann sprechen Sie ihn direkt an.

Es ist besser, eine Unsicherheit auf diese Art und Weise zu klären, als ungewollt jemanden vor den Kopf zu stoßen.

In anderen Situationen im Ausland empfiehlt es sich, mit der Körpersprache und mit dem Einsatz von Gesten eher vorsichtig umzugehen.

Bleiben Sie etwas zurückhaltender, als Sie es gewohnt sind.

Beobachten Sie die anderen Anwesenden, wie diese sich verhalten. Durch diese Beobachtungen erlernen Sie die Körpersprache des Fremden.

Sobald Sie dessen Körpersprache übernehmen, wird er Sie auch (besser) verstehen. Diese Vorgehensweise bedarf schon einer guten Portion von Einfühlungsvermögen Ihrerseits.

Denken Sie daran: Richtig ist nicht das, was Sie sagen oder ausdrücken wollen, sondern das, was der andere versteht.

Teil 3 – Lügt der Blick oder verrät das falsche Lächeln?

Augenkontakt halten

Auf den Augen-Blick kommt es an

Wie war das noch einmal im Vorstellungsgespräch? Immer dem Blick standhalten? Bekannt ist der Spruch „Der/die kann mir nicht in die Augen schauen." Hat er/sie deswegen etwas zu verbergen? Schämt er sich? Lügt er? Oder zeigt er nur eine gewisse Unsicherheit? Also müsste gelten: Blickkontakt halten zeigt, dass nichts verborgen wird. Tja, wäre das mal so einfach. Denn – wenn jemand <u>bewusst</u> lügt, kann er <u>gezielt</u> den Augenkontakt aufrecht halten, um genau die Lüge zu verbergen.

Andererseits, wer jemandem zu lange in die Augen schaut, wirkt auf das Gegenüber stark – vielleicht zu stark. Allein aus dieser Überlegung scheint es ratsam, hin und wieder den Blickkontakt zu unterbrechen. Das schafft für beide Beteiligte eine gewisse Entspannung.

Lügerei oder Schummelei

Aber wie ist das nun mit der vermeintlichen Lügerei oder Schummelei, die oben angedeutet wurde?

Kommunizieren zwei Personen miteinander, besteht die Körpersprache nicht nur aus <u>einem</u> Bild, das einer dem anderen vermittelt. Tatsächlich sind es unzählige Signale, die ständig gesendet werden.

Nicht nur der Kontakt der Augen, sondern auch die angedeutete oder ausgeführte Bewegung der Augäpfel, die Veränderungen der Größe der Pupillen, das Zusammenführen der Wimpern, dass Zusammenziehen der Augenpartie und weitere Veränderungen sind Signale, die sich lediglich auf den Bereich um die Augen beziehen.

Hinzu kommt die Bewegung der Augenbrauen, die Arbeit der Muskeln rund um den Mund, das Heben der Nasenspitze oder das Zusammenziehen der Nasenwurzel und so weiter.

Die Wahrheit beugen – Der Blender

Nicht ein Bild, sondern zig Bilder! Und zwar in jedem Moment – wie in einem Film. Will nun jemand die Wahrheit beugen, müsste er alle diese Signale, die das Gesicht ausstrahlt, unter Kontrolle haben. Und zwar ständig – solange das Gespräch andauert.

Das wäre eine Höchstleistung mit intensiver Aufmerksamkeit. Denn so ganz nebenbei soll ja auch inhaltlich etwas vermittelt werden. Der Schwindler müsste demnach parallel ein Gespräch führen. Einmal mit voller Aufmerksamkeit auf das Inhaltliche und die Reaktion seines Zuhörers, andererseits mit höchster Konzentration auf die ‚andere' Darstellung seiner Körpersprache.

Einigen wird das gelingen. Bravo! Dann sind wir auf einen ‚Blender' reingefallen.

Zweifel entstehen

Sollte aber nur eines der abgegebenen körperlichen Zeichen nicht ins Gesamtbild passen, wackelt dieses bereits. Der Zuhörer verspürt ein gewisses Gefühl der Unsicherheit. Er kann nicht mehr sicher sein, was ihm sein eigenes Gefühl vermittelt – dazu sind es viel zu viele Inforamationen, die auf ihn einprasseln. Er wird denken oder sagen „Ich bin mir nicht ganz so sicher und will das noch einmal überschlafen." Zweifel haben ihn gepackt.

Mikroexpression – Gesichtsausdruck

Nur Bruchteile von Sekunden dauert es, kaum merkbare Gesichtsausdrücke zu zeigen. Hierbei wird von Mikromimik oder Mikroexpression gesprochen.

Biologen, Psychologen und andere Fachleute sind schon ewig dabei, Emotionen einwandfrei aufgrund von messbaren Gesichtsausdrücken wissenschaftlich nachzuweisen und eine Eindeutigkeit (zum Beispiel: Lügen Ja/Nein) zuzuordnen.

Vielleicht wird das irgendwann tatsächlich auch eindeutig möglich sein.

Vorerst verlassen sich die meisten Menschen auf ihre Gefühle, auf das sogenannte Bauchgefühl. Damit der Zuhörer von Ihnen, liebe Leserin und lieber Leser, keinen falschen Eindruck erhält, widmen wir uns in diesem Teil des Ratgebers verstärkt dem Bereich der Augen und des Gesichtes.

Richten Sie Ihren Blick nach vorn!

Blickkontakt

„Schau mir in die Augen"

Mit dem Blick in die Augen sehen wir sozusagen in das Innere des Menschen. Stimmt das? Nun, die Augen verraten uns sehr viel. Sie können glänzen, sie können trocken wirken. Sie blicken fragend, bohrend, verträumt, verliebt, böse ...

Die Pupillen sind eng oder geweitet, die Augen zu Schlitzen verengt oder weit aufgerissen.

Wird der Blickkontakt zum Gesprächspartner gehalten, gehen wir von Offenheit und Aufmerksamkeit aus.

Nach unten gerichtete Augen lassen auf Hemmung, Scheu, Traurigkeit, aber auch auf Schwindeleien tippen. „Der kann mir nicht in die Augen schauen."

Bleibt der Blick zu lange fixierend auf das Gegenüber gerichtet, dann tritt allerdings auch wieder Unbehagen ein. Wir werden nervös oder gar aggressiv. Der andere ist stärker als wir.

Als präsentierende Person heißt das, dass Sie die Teilnehmer immer wieder mit Blickkontakten bedenken sollen, sie andererseits aber auch nicht ständig fixieren müssen.

Die Frau beobachtet aufmerksamer

Laut Doreen Kimura, einer kanadischen Psychologin (1933 – 2013), sei die Frau aktiver in der Kontaktaufnahme, wenn sich Mann und Frau zum ersten Mal treffen.

Die Frau suche sich aktiv den Mann aus, erkennbar durch Gestik und Mimik. Erst aufgrund dieser Auslöser werde der Mann im Redefluss aktiv.

An ihren fruchtbaren Tagen erreiche die verbale Leistungsfähigkeit ihren Höhepunkt.

Lächeln – und trotzdem ein Bösewicht?

Schon wieder sind wir beim Thema Lügen oder Wahrheit angelangt.

Das Lächeln entwaffnet, das wissen wir schon. Wer Gutes will, lächelt das Gegenüber an. Der Bösewicht hingegen schaut grimmig drein. Er wird sofort erkannt und der andere ist auf der Hut.

Dummerweise kann uns auch jemand anlächeln und trotzdem Böses von uns wollen. Ein echtes Dilemma.

Glücklicherweise hat ein brillanter Forscher das echte vom falschen Lächeln unterscheiden können.

Das ‚echte' Duchenne-Lächeln

Schon im Jahre 1862 fiel dem französischen Anatom Duchenne (Guillaume Benjamin Amand Duchenne de Boulogne, 1806 – 1875) der kaum wahrzunehmende Unterschied zwischen aufrichtiger Freude und grimassenhaftem Grinsen beim Lächeln auf.

Duchenne stellte fest, dass ein Lächeln mit dem Mund so lange kein Zeichen von Fröhlichkeit ist, bis sich auch jener Teil des Muskels zusammenzieht, der das Auge umgibt. Das sogenannte ‚Duchenne-Lachen' gilt heute als Ausdruck offener und ungetrübter Heiterkeit.

Zusammenspiel der Gesichtsmuskeln

Mehr als 100 Jahre später, in den 70er Jahren, erkannte der US-Psychologe und Mimikforscher Paul Ekman (*1934), dass genau 24 Gesichtsmuskeln zusammenspielen und die Bandbreite bei Gefühlsregungen bei Über- beziehungsweise Unterlegenheit darstellen.

Dieses Zusammenspiel der Gesichtsmuskeln sagt deutlich mehr aus als gesprochene Worte, ja, es lässt im Dialog sogar wissen, welcher Gesprächspartner der Überlegene ist.

Laut Jörg Metren, Psychologe an der Universität in Saarbrücken, signalisiert das Zusammenspiel der Gesichtsmuskeln in einem winzigen Augenblick fast unbewusst wahrnehmbar Ekel, wenn jemand zu lange angestarrt wird. Die Oberlippe bewegt sich dann leicht zur Nasenspitze und die Nase zieht sich ein wenig zusammen.

Action Units

1978 führten Carl-Herman Hjortsjö und Paul Ekman den Begriff ‚Action Units' ein. Nach diesen beiden Forschern bestehen die elementaren Grundbewegungen aus 46 sogenannten ‚Action Units' (Bewegungs-Einheiten).

Diese kleinsten Bewegungs-Einheiten werden als Microexpressions (Mikroexpression) bezeichnet. Aus diesen Grundbewegungen setzt sich das komplette Mimenspiel des Gesichts zusammen. Die Action Units sind im Facial Action Coding System (FACS, Gesichts-Kodierungs-System) erfasst. Zum Beispiel:

- ‚Action Unit 6' (‚Heben der Wangen')
- ‚Action Unit 12' (‚Heben der Mundwinkel')
- ‚Action Unit 24' (‚Zusammenpressen der Lippen')

Das menschliche Lächeln ist durch eine festgelegte Folge von Muskelbewegungen charakterisiert. Der Ablauf der Bewegungen dieser Folge zeigt, ob es sich um ein echtes Lächeln handelt. Ist das Lächeln hingegen geheuchelt, verzögert oder verändert sich dieser Ablauf.

Nach Entschlüsselung dieser Bewegungsfolgen startete Sejonowski eine interessante Versuchsreihe. Es war ihm beim Versuch am Rechner möglich, 95 % geheucheltes Lächeln von echtem Lächeln zu unterscheiden. Ziel dieser Arbeit mit dem Rechner ist es, alle Informationen zu entschlüsseln, die das Gesicht unwillkürlich unbewusst mitteilt.

Erfolgreiche Identifizierung

Als greifbare Vision könnte dieses System somit Zugriff/Zugang, nach erfolgter Identifizierung, auf Konten, zu Tresoren, durch Eingangssperren usw. erlauben. Das System könnte Medizinern, Psychiatern und Psychologen helfen, die Mimik ihrer Patienten zu deuten.

Für Gerichtsverfahren oder bei Polizeibefragungen öffneten sich ungeahnte Möglichkeiten. Passkontrollen könnten sich anders gestalten, Bankräuber könnten leichter wiedererkannt werden; in Dialogen, Verhandlungen und Verkaufsgesprächen gäbe es fast keine Geheimnisse mehr. Allerdings wäre auch absolute Menschenüberwachung nicht nur in Städten keine Utopie mehr.

Das biometrische Überwachungssystem

Aus dem Generalanzeiger Bonn vom 12. Juli 2001: ‚Der Gast ... trinkt gemütlich ein Bier, als plötzlich drei Polizisten auftauchen und ihn festnehmen ... Mit 36 Kameras werden die Passanten überall im Viertel verfolgt und ihre Gesichtszüge dann durch die biometrische Software mit den Fotos von zehntausenden Verbrechern abgeglichen.'

Mit biometrischen Systemen kann sich ein Benutzer in ein System anmelden, in dem bestimmte Körpermerkmale zur Identifikation dienen.

Dabei kann es sich um Fingerabdruck, Stimme oder die Iris des Auges handeln!

Der totale Überwachungsstaat also?

Die unwillkürliche Veränderung der Pupillen

Alle möglichen Körpersignale lassen sich beeinflussen, also manipulieren und verändern. Die Veränderung der Pupillengröße hingegen ist im direkten Gespräch nicht beeinflussbar.

Übliche Pupillengröße

Wird es heller im Raum oder versucht die Person etwas zu erkennen, was weit weg in der Ferne liegt, verengen sich die Pupillen.

Pupillen sind kleiner

Wird es dunkler, erweitern sich die Pupillen, da die eingeschränkten Lichtverhältnisse eine größere Öffnung und damit einen besseren Zugang ins Auge benötigen.

Pupillen sind größer

Pupillen weiten sich

Jetzt wird es interessant für den Gesprächspartner. Er merkt, dass sich beim Gegenüber beide Pupillen bei unveränderten Lichtverhältnissen weiten. Die Person mag das oder denjenigen, den sie sieht, besonders gerne. Der Gesprächspartner kann diese Reaktion als sehr positiv bewerten. Die Person steht sehr positiv zur Sache oder zum Gesprächspartner. Bildhaft könnte gesagt werden: Die Person freut sich über das, was sie sieht und vergrößert ungewollt die Pupillen, damit sie besser sieht, was ihr gefällt. Ein hervorragender Hinweis für den Gesprächspartner. Er befindet sich sozusagen auf dem Gewinnerpfad.

Die Stellung der Augen

Die folgenden Überlegungen basieren auf dem 2-Hemisphä-ren-Modell nach dem Dänen Mogens Kirckhoff (*1944). Nach diesem Denkmodell arbeiten die beiden Hemisphären verschieden (cerebrale Asymmetrie). Bei Rechtshändern (ca. 90 bis 95 Prozent aller Menschen) ist

- die linke Hemisphäre der Bereich der analytischen Informationsverarbeitung, die sich speziell beim logischen Denken hervorhebt.

- Die rechte Hemisphäre hingegen beeinflusst Gefühle, Kreativität und räumliches Denken.

Für Linkshänder gelten die Informationen umgekehrt. Nachstehend wird die Stellung der Augen mit diesem Modell verknüpft. Es ergeben sich folgende Augenbewegungen und Folgerungen:

Die Augen schauen (aus Sicht des Betreffenden) nach links oben.

Ein Rechtshänder sucht nach Erinnerungen in der linken Hirnhälfte. Gesucht wird, was tatsächlich abgespeichert wurde. Es kann davon ausgegangen werden, dass das Gefundene der Wahrheit entspricht oder etwas ist, das als ‚wahr' abgespeichert wurde.

Die Augen schauen (aus Sicht des Betreffenden) nach rechts oben.

 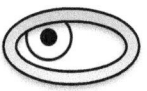

Ein Rechtshänder sucht nach Erinnerungen in der rechten Hirnhälfte. Gesucht wird, was ‚fantastisch' erscheint. Diese Augenbewegung kann dann beobachtet werden, wenn die Person eine erfundene Geschichte erzählen soll oder eine Tatsache bildhaft darstellt und dabei sagt: „Stellen Sie sich einmal vor ...".

Die Person schöpft aus dem Bereich der Kreativität und des Vorgestellten; nicht zwangsläufig aus der Wahrheit.

Die Augen schauen (aus
Sicht des Betreffenden)
nach links.

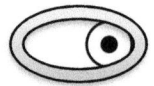 

Ein Rechtshänder sucht nach Erinnerungen in der linken
Hirnhälfte. Gesucht wird nach gespeicherten Tönen, Lauten und Geräuschen.

Die Augen schauen (aus
Sicht des Betreffenden)
nach rechts.

Ein Rechtshänder sucht in der rechten Hirnhälfte. Gesucht wird nach vorgestellten Tönen, Lauten und Geräuschen.

Die Augen schauen (aus
Sicht des Betreffenden)
nach links unten.

Ein Rechtshänder sucht nach Erinnerungen in der linken
Hirnhälfte. Gesucht wird speziell nach gespeicherten Ge-
rüchen.

Die Augen schauen (aus
Sicht des Betreffenden)
nach rechts unten.

Ein Rechtshänder stellt sich Gerüche vor.

Vor großem Publikum auf der Bühne

Gehen wir in den folgenden Betrachtungen wieder von einem Rechtshänder aus. Stellen Sie sich vor, Sie stehen auf einer Bühne vor einem größeren Publikum. Stehen Sie genau in der Mitte der Bühne und schauen nach vorn, wird sich ein gewisser Blickwinkel bilden, den Sie als Redner/Rednerin üblicherweise abdecken.

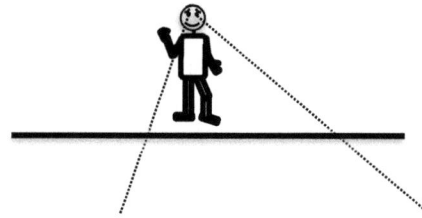

Dabei fällt auf, dass Sie – aus Ihrer Sicht – ein weiteres Sichtfeld nach links als nach rechts haben.

Stehen Sie nun an der einen Seite der Bühne (aus Sicht der Zuschauer rechts) decken Sie nur einen kleinen Teil der Zuschauer ab.

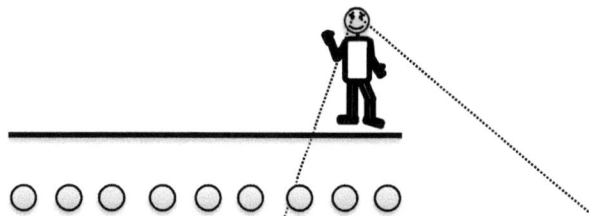

Reden Sie hingegen an der anderen Seite der Bühne, haben Sie automatisch eine viel größere Zuschauerzahl in Ihrem Blickfeld.

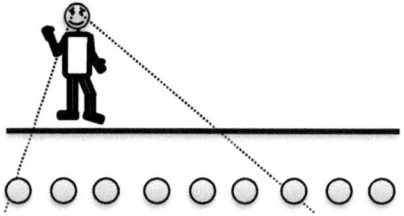

Deshalb steht das Pult häufig an dieser Seite der Bühne.

Grundemotionen – Von Freude bis Traurigkeit

Wallace Friesen fand heraus, dass beim Kleinkind immer die gleichen und typischen Gesichtsmuskeln bei Angst, Ekel, Wut, Überraschung, Freude und Trauer zusammenspielen; später setzen Scham und Verachtung immer dieselben Gesichtsmuskeln in Bewegung. Drückt ein Mensch (unbewusst) eine dieser Grundemotionen aus, werden die entsprechenden Gesichtsmuskeln aktiviert und die dazugehörenden Bewegungsmodule (vgl. ‚Action Units') werden aktiv.

Hier bestätigt sich, dass nicht nur die Augen, sondern ein komplettes Zusammenspiel der Gesichtsmuskeln die Emotionen darstellen.

Bei:

Freude

Heben der Wangen

Heben der Mundwinkel

Öffnen der Lippen

Überraschung

Heben der Nasenwurzel

Heben der Augenwinkel

Heben der Augenlider

Senken des Unterkiefers

Furcht/Angst

Heben der Nasenwurzel

Heben der Augenwinkel

Senken der Augenbrauen

Heben der Augenlider

Spreizen der Lippen

Öffnen der Lippen

Ärger/Wut

Ziehen der Augenbrauen an der Innenseite nach unten

Heben der Augenlider

Straffen der Augenlider

Schürzen der Lippen

Ekel

Heben der Oberlippe

Runzeln des Kinns

Senken der Augenbrauen

Rümpfen der Nase

Vorschieben der Unterlippe

Heben der Nasenwurzel

Senken der Augenbrauen

Senken der Mundwinkel

Physiognomie

Als Physiognomie wird einerseits die Gesichtsform einer Person gemeint. Tatsächlich ist in unserem Zusammenhang das Erscheinungsbild des Gesichtes und weiterhin der Person gemeint.

So lässt die Haut Rückschlüsse auf bestimmte Lebensgewohnheiten der Person zu. Ist die Haut natürlich gebräunt und – wie es so schön heißt – Wetter gegerbt, ist es naheliegend, dass der Mensch viel Zeit im Freien verbringt. Im umgekehrten Fall (die Haut ist hell) dürfte sich die Person überwiegend in Räumen aufhalten.

Fettige Haut, Pickel oder Narben könnten auf den Gesundheitszustand, frühere Krankheiten oder Unfälle hindeuten.

Das Alter hinterlässt ebenso seine Spuren auf der Haut. Viele älter werdende Menschen versuchen entstehende Falten durch entsprechende Cremes zu vertuschen.

Nicht umsonst wird von Sorgenfalten gesprochen. Offensichtlich hat der Mensch bisher mehrere Schwierigkeiten oder Schicksalsschläge verarbeiten müssen.

Manch einer glaubt, durch die Kopfform (oval, rund, eckig), durch anliegende oder abstehen Ohren, aufgrund einer schmalen oder dicken Oberlippe auf Charaktereigenschaften der Person rückschließen zu können.

Fleischige Ohrläppchen oder eine spitze Nasenspitze gehören auch dazu.

Schon vor mehr als 2.000 Jahren haben sich Berühmtheiten wie Aristoteles (gr. Philosoph, 384 v. Chr. – 322 v. Chr.) mit diesem Thema auseinandergesetzt.

Sicher ist, dass attraktiv wirkende Menschen einen leichteren Zugang zum Erfolg haben. Allein schon deswegen, weil ästhetisch hübsche Menschen für intelligenter gehalten werden.

Das lässt sich alles auch auf den Körperbau, die Größe, das Gewicht und anderes übertragen. Bestimmte Berufsbilder zeigen ähnliche Typen von Menschen.

Jeder soll für sich selbst entscheiden, inwieweit er sich von diesen sichtbaren Merkmalen beeinflussen lässt.

Lügt die Körpersprache?

Oder lügt nur das gesprochene Wort?

Aufgrund der Erkenntnis, dass die Körpersprache bereits vor dem gesprochenen Wort existierte, kann davon ausgegangen werden, dass die Reaktionen im und mit dem Körper mehr oder weniger automatisch und zum Teil auch unbewusst ausgeführt werden.

In Untersuchungen wurde festgestellt, dass bestimmte Reaktionen sogar auf der ganzen Welt in gleicher Weise erfolgen und gleich gedeutet werden!

Wir können davon ausgehen, dass die Körpersprache die Wahrheit sagt – sofern sie nicht gezielt falsch eingesetzt wird.

Verbal können wir sagen, dass es regnet, obwohl tatsächlich die Sonne scheint und das herrlichste Wetter zu sehen ist.

Ganz einfach: Wir schwindeln oder noch schlimmer – lügen.

Wenn jemandem kalt ist, wird er versuchen, seinen Körper zu schützen. Er erzeugt künstlich Wärme, wenn die Haut anfängt zu zittern. Er hält die Arme vor die Brust und reibt vielleicht die Arme, sodass ihm wärmer wird.

Erfolgen diese Reaktionen, dann können wir als wahr annehmen, dass unserem Gegenüber kalt ist. Er schwindelt hier nicht.

Eine ganze Menge der nonverbalen Kommunikation kommt also aus dem Inneren des Menschen.

Wir halten fest: Reagiert unser Gesprächspartner unbewusst, kann davon ausgegangen werden, dass er die Wahrheit sagt.

Hinweise zur Deutung der Körpersprache

Um aller Kritik gleich entgegenzutreten: Es wird sich wohl kaum jemals alles hundertprozentig deuten lassen, da jede Situation eine andere ist und jeder Mensch in jeder Situation wieder anders reagiert. Wir müssen also nicht fürchten oder hoffen, dass wir einen Menschen lediglich aufgrund seiner Körpersprache absolut charakterisieren können.

Mit dem Hinzunehmen des gesprochenen Wortes ist das vielleicht einigen Spezialisten möglich. Aber für die Allgemeinheit gilt, dass wir nur bestimmte Dinge deuten und werten können. Immer sollen wir uns vor Augen halten, dass wir nur menschlich reagieren und damit auch Fehlinterpretationen unterliegen können.

Die Komplexität erschwert die Deutung

Weiterhin ist es fast unmöglich, nur einen kleinen Ausschnitt aus einem menschlichen Verhalten zu nehmen und daraus auf das komplette Verhalten Rückschlüsse zu ziehen. Zu komplex ist das Zusammenspiel aller Muskeln im menschlichen Körper.

Stellen Sie sich vor, Sie wollten einen Schluck Wasser aus dem Glas trinken, das vor Ihnen auf dem Schreibtisch steht. Es wird Ihnen kaum gelingen, das Wasserglas zu greifen, ohne sich vorher mithilfe Ihrer Augen versichert zu haben, wo genau das Glas steht. Während Sie das Glas greifen, werden Sie diesen Vorgang über das Auge kontrollieren. Das heißt, dass hier die Motorik der Hand und die Bewegung der Augen zusammenarbeiten. In der Praxis werden Sie diese beiden Dinge gleichzeitig aufnehmen, verarbeiten und deuten. Auch wenn das Glas zum Munde geführt wird, erfolgt wieder eine Reaktion mit dem Kopf und mit dem Mund, was Sie durch das Bewegen der Lippen erkennen können. Schließlich muss der Mund zu einem gewissen Grad geöffnet werden, wenn Sie das Glas zum Trinken ansetzen.

Können Sie sich vorstellen, wie unendlich vielfältig das Zusammenspiel der Sinne und Körperteile und natürlich auch der Hilfsmittel oder Umgebung ist, um ein Ziel zu erreichen? Das komplette Zusammenspiel vieler Einzelheiten zur Erreichung eines Ziels ist unglaublich komplex. Und Ziele dieser Art gibt es im Laufe des Tages Tausende.

Reaktion auf Aktion

Um die Körpersprache möglichst treffend deuten zu können und um keine Fehlinterpretationen zu fällen, rufen Sie sich folgenden Leitsatz immer wieder ins Gedächtnis:

Die Körpersprache kann nur dann richtig gedeutet werden, wenn das Verhalten eine Reaktion auf eine Aktion darstellt!

Reaktion ⇔ Aktion

Was heißt das? Nun, Sie agieren, indem Sie etwas sagen oder tun und das Gegenüber reagiert. Und just in diesem Moment kann die Reaktion, vielleicht sogar richtig, gedeutet werden.

Beispiel: Wenn jemand mit verschränkten Armen vor Ihnen sitzt, muss das noch lange nicht heißen, dass er Sie nicht mag.

Vielleicht ist ihm die neue Umgebung etwas unheimlich; vielleicht ist ihm kalt; vielleicht hat er körperliche Beschwerden, weshalb er diese Körperhaltung einnehmen muss.

Eine eindeutige Deutung ist hier nicht möglich!

Aber: Wenn Sie etwas tun oder sagen und auf diese Aussage hin verschränkt das Gegenüber die Arme vor der Brust, können Sie mit ziemlicher Sicherheit davon ausgehen, dass diese Reaktion auf Ihre Aktion hin ausgeführt wurde.

Und dann ist sie deutbar!

Ausleitung

„Die Kunst, den Körper passend sprechen zu lassen"

Nun haben Sie eine Menge Informationen über die Sprache des Körpers und des bewussten und unbewussten Einsatzes gelesen.

Vielleicht wurde Ihnen bewusst, welch wichtigen Part dieser Teil der Kommunikation in der Gesamtkommunikation einnimmt.

Ihre Rede, Ihre Präsentation, Ihr Vortrag, Ihr Konfliktgespräch, Ihr Verkaufsgespräch wird lebhafter und überzeugender, wenn Sie im wahrsten Sinne mit Händen und Füßen arbeiten.

Beobachten Sie andere bei deren Körpersprache, vergleichen Sie das Beobachtete mit Ihrem Wissen zu diesem Thema und verstärken Sie gezielt den Einsatz Ihres kompletten Körpers beim Reden.

Guten Erfolg mit Ihrem Wissen und Ihren Fähigkeiten.

Alles Beste bis zu einem möglichen ‚Wiederlesen' in einem anderen Ratgeber unserer Reihe „Das kleine Rhetorik-Handbuch [2100]".

Horst Hanisch

Stichwortverzeichnis

4

4 Minuten......................................18

7

7 Sekunden...........................18, 34
7/93–Regel...................................30

A

Abgrenzungs-Geste......................58
Action Units................................74
Aktion..86
Angst..81
Ärger..81
Aristoteles..................................83
Arm..........................50, 52, 53, 64
Asymmetrie, cerebrale...............77
Aufzug..17
Augen...72
Augen, Stellung der....................77
Augen-Blick................................70
Augenkontakt.............................70
Ausland......................................60
Ausstrahlung..............................23

B

Beine, gekreuzt...........................66
Berührungs-Geste.......................59
Betonungs-Geste........................58
Bewegung...................................53
Bewegungs-Einheit.....................74
Biometrisches Überwachungs-
   System....................................75
Bitte-Haltung..............................51
Blender.......................................70
Blickkontakt................................72
Blickwinkel.................................79
Boden...66
Boot...54
Botschaft, kongruent..................13
Brust...50
Bühne...79

D

Demonstrativ-Geste....................58
Diener machen...........................14
Distanz, gesellschaftliche............38

Distanz, öffentliche.....................38
Distanz, soziale...........................38
Distanzwolke..............................39
Distanzzone................................37
Distanzzone Null.........................38
Dominanz...................................39
Duchenne de Boulogne, Guillaume
   Benjamin Amand......................73
Duchenne-Lächeln.......................73

E

Eindruck, erste............................35
Einzel-Geste................................57
Ekel..81
Ekman, Paul................................73
Erscheinung, äußere....................32
Erste Erscheinen.........................19

F

Facial Action Coding System........74
FACS...74
Faust...62
Finger...60
Fingerspitze...........................46, 62
Fragen, nonverbal.......................29
Freude..80
Friesen, Wallace.........................80
Furcht...81

G

Gebärde......................................27
Gebietsbereich............................41
Gefühlsregung.............................73
Gesichtsausdruck..................34, 71
Gesichtsform...............................83
Gesichts-Kodierungs-System.......74
Gesichtsmuskel...........................73
Geste.....................................46, 48, 57
Geste, unwillkürliche..................57
Geste, willkürliche......................57
Gestik..............................27, 28, 49
Grundemotion.............................80
Grundhaltung.............................24
Duchenne de Boulogne..............73

H

Hand........................ 50, 54, 60, 61
Hände reiben 55
Hemisphären-Modell 77
Hinweis-Geste 57
Hjortsjö, Carl-Herman 74
Hosentasche.............................51
Hüfte 50

I

Identifizierung 74
Illustrierende Geste...................58
Intimbereich.............................39

K

Kanzlerin-Raute 44
Kimura, Doreen 72
Kirckhoff, Mogens 77
Kleidung 49
Knigge, Adolph Freiherr von.......92
Kommunikation...........................16
Komponente, greifbare 36
Komponente, nicht greifbare 36
Komponente, persönliche 36
Kopf.......................................65
Kopfform..................................83
Körper 11, 16, 65
Körperdistanz.............................37
Körperhaltung 20
Körpersprache.............. 30, 32, 85

L

Lächeln..................................26, 73
Linkshänder.............................77
Lüge 70, 84

M

Manipulation.............................13
Menschometer...........................23
Metren, Jörg.............................73
Mikroexpression.........................71
Mikromimik...............................71
Mimenspiel 74
Mimik 25
Missverständnis 60
Motorik 27

N

Nicht-Person 40
Note, persönliche.......................34

O

Oberkörper.................................64

P

Physiognomie.............................83
Pokerface 12
Privatdistanz.............................40
Psypich 34
Publikum 79
Pult..31, 79
Pupille 76

R

Raute..54
Reaktion...................................86
Rechtshänder 77
Redner....................................15
Rivale 12
Rücken 52

S

Schaffen, schöpferische.............34
Schuhsohle................................65
Schutzreflex..............................57
Sejonowski 74
Signale, nonverbale...................20
Spitzdach..................................54
Sprachersatz-Geste 59
Stimmung..................................19
Stinkefinger..............................44
Symbolische Geste 59
Sympathie 18

T

Tierwelt....................................12
Traurigkeit................................82

U

Überleben, gesellschaftliche 18
Überraschung............................80
Umgang mit Menschen 92
Un-Person 40
Unsicherheit.............................50
Unterarm 50
Unterstreichungs-Geste 57
Unwohlsein 50

V

Verständigung............................11

Victory-Zeichen 44
Vogel zeigen 64
Vorzeit..11

W

Wahrheit 70, 77
Watzlawick, Paul 16
Wendeltreppe 27

Wolkenaußenhülle 37
Wolkenhülle 39
Wut 81

Z

Zeige-Geste 57
Zweifel...71

Knigge als Synonym

Umgang mit Menschen

Suche weniger selbst zu glänzen, als andern Gelegenheit zu geben, sich von vorteilhaften Seiten zu zeigen, wenn Du gelobt werden und gefallen willst.

Adolph Freiherr Knigge, aus dem Buch „Über den Umgang mit Menschen",
1788
(1752 - 1796)

Schon zu seinen Lebzeiten war Adolph Freiherr Knigge (1752 – 1796) umstritten. Knigge setzte sich durch sein energisches Eintreten für die Ziele der Aufklärung, so wie er sie verstand, scharfen Angriffen aus. Er arbeitete als Romanschriftsteller und Satiriker sowie als politischer Schriftsteller. Er gehörte den Freimaurern an. Heute ist Knigge vor allem seines Buches wegen ‚Über den Umgang mit Menschen' (1788) bekannt. Und zwar deswegen, weil sein Werk als Etikette-Buch angesehen wird.

Das große Missverständnis

Knigge verdankt seinen heutigen Ruf und Erfolg aber einem Missverständnis. Denn: Das Werk Adolph Freiherr Knigges gilt als Etikette-Buch ersten Rangs. Allerdings beschreibt Knigge keine Regeln wie mit Besteck umzugehen ist oder das Verhalten bei Tisch, stattdessen offenbart er eine praktische Lebensphilosophie im Umgang mit Mitmenschen. Er gibt Anleitungen und Anregungen, wie mit seinen Mitmenschen richtig umzugehen ist. Knigge hoffte damit, dass die Menschen glücklich und froh miteinander leben könnten. Sein Buch erschien 1788 und war schon kurze Zeit in fast allen Haushalten zu finden. Auch über 200 Jahre nach Erscheinen prägt sich sein Buch im Bewusstsein der Leser als praktisches Handbuch über gutes Benehmen ein.

Über den Umgang mit Menschen

In drei Teilen seines Buches hat Knigge über den Umgang mit verschiedenen Menschengruppen geschrieben, zum Beispiel:

- Über den Umgang mit Leuten von verschiedenen Gemütsarten, Temperamenten und Stimmungen des Geistes und des Herzens (Erster Teil, 3. Kapitel)
- Über den Umgang mit Frauenzimmern (Zweiter Teil, 5. Kapitel)

- Über die Verhältnisse zwischen Herrn und Dienern (Zweiter Teil, 7. Kapitel)
- Über das Verhältnis zwischen Wohltätern und denen, welche Wohltaten empfangen; wie auch unter Lehrern und Schülern, Gläubigern und Schuldnern (Zweiter Teil, 10. Kapitel)
- Über den Umgang mit den Großen der Erde, mit Fürsten, Vornehmen und Reichen (Dritter Teil, 1. Kapitel)

Knigge heute als Synonym für Umgangsformen

Obwohl es heute klar ist, dass Knigge anderes verfolgte, als wir unter seinem Namen verstehen, soll ‚Knigge' als Synonym für den Bereich stehen, dem sich das vorliegende Handbuch widmet.

Wir behandeln das Thema Kommunikation in seinen Details. Ist das nichts anderes als der Umgang mit Menschen?

Gerade davon ausgehend, dass die zwischenmenschliche Kommunikation einen immensen Einfluss auf das Wohl und Gedeih eines Einzelnen nimmt, passt dieser Ratgeber gedanklich zu den Ideen des Freiherrn Knigge.

12 Ratgeber in der kleinen Knigge-Reihe

Der kleine ... -Knigge ²¹⁰⁰ (Je € 9,70; 88 Seiten, 12x19 cm, kartoniert)

Anstands- und Banausen-...
Business- und Kunden-...
Büro- und Kollegen-...
Gäste- und Gastgeber-...
Gesellschafts- und Freunde-...
Outfit- und Stil-...

Interkulturelle- und Auslands-...
Bewerbungs- und Vorstellungs-...
Event- und Feste-...
Gastro- und Tischsitten-...
Speisen- und Exoten-...
Trinkkultur- und Getränke-...

12 x kleines Handbuch der Rhetorik 2100

Der kleine Handbuch der Rhetorik ²¹⁰⁰ (Je € 9,70; 100 Seiten, 12x19 cm)

Erfolgreich reden
Körpersprache einsetzen
Gezielt trainieren
Nervosität austricksen
Begeistert überzeugen
Unterschwellig manipulieren

Wahrnehmung verzerren
Einwände entkräften
Gespräche führen
Meetings leiten
Geschicktes Nudging
Interviews führen

4 Ratgeber in der Ego-Management-Reihe

Jeder Ratgeber € 14,90, 104 Seiten, A5
Persönlichkeits-Management – Ego-Knigge [2100] Soft Skills, Selbst-Reflexion und Selbst-Bewusstsein

Stress-Management – Ego-Knigge [2100] Lampenfieber, Stressoren, Gerüchte, Mobbing, Burnout, Stressvermeidung
Zeit-Management– Ego-Knigge [2100] Umgang mit der Zeit, Organisation von Arbeitsabläufen, Perfektionismus, Zielsetzung
Gedächtnis-Management – Ego-Knigge [2100] Gehirn, Intelligenz, Schwachsinn – Hochbegabung, Gedächtnis, Lerntechniken

4 Ratgeber in der Reihe Lebenseinstellung

Jeder Ratgeber € 12,95, 160 Seiten, A5
Aberglaube-Knigge [2100] Von schwarzen Katzen, der linken Hand des Teufels und den Glücksbringern

Lügen- und Egoismus-Knigge [2100] Überleben durch Flunkern, Schummeln und Täuschen! Macht, Respekt, Wertschätzung? Lebenslüge und Lebensschutz
Glücks-Knigge [2100] Vom Glücklichsein, positiven Denken und von Freundschaften
Angst- und Optimismus-Knigge [2100] Die Furcht beherrschen, Ängste nutzen und positiv durchs Leben gehen

3 Ratgeber Bräutigam, Braut, Brautpaar

Bräutigam-Knigge [2100] Verlobung und Polterabend, Schwiegereltern und das Ja-Wort, Hochzeits-Outfit und Hochzeits-Kutsche
Braut-Knigge [2100] Brautkleid und Accessoires, Das große Hochzeitsfest, Höhepunkte und Hochzeitstanz

Brautpaar-Knigge [2100] Historisches und Sonderbares, Planung und Organisation, Aberglaube und Hochzeitsbräuche
Jeder Ratgeber € 15,90, 104 Seiten, A5, kartoniert

2 Ratgeber Selbst-Coaching

Jeder Ratgeber € 12,95, 120 Seiten, A5
Selbstbewusstsein Knigge [2100] Ich bin, ich kann, ich will. Das eigene Leben bestimmen, Soft Skills, The Winner 1
Selbstwertgefühl Knigge [2100] Steh auf! – Werde aktiv! – Zeige Profil! Das eigene Leben beeinflussen, Motivation, The Winner 2

Leben und Lifestyle

Das kleine Knigge-Quiz ²¹⁰⁰ € 9,70; 96 Seiten, 12x19 cm, kartoniert
Jugend-Knigge ²¹⁰⁰ Knigge für junge Leute und Berufseinsteiger, €
15,90; 152 Seiten
Zukunfts-Knigge ²¹⁰⁰ Verfall der Sitten und Verlust der Wertschätzung?
Umgangsformen in 100 Jahren. Zusammenleben mit Menschen, Maschi-
nen und menschenähnlichen Robotern, € 14,95; 172 Seiten A5 karto-
niert
Hochzeits-Knigge ²¹⁰⁰ Hochzeitsbräuche, Geschenke, Brautjungfer,
Trauung, Festgäste und Festmahl, € 29,95; 310 Seiten A5
Ü65- und Senioren-Knigge ²¹⁰⁰ Die junge Alten und die alten Jungen,
Kommunikation und Verständnis zwischen den Generationen, Einsamkeit
und technischer Fortschritt, € 19,95; 180 Seiten A5
Blumen-Knigge ²¹⁰⁰ Historisches, Mystisches, Festliches, Blumen-Spra-
che, Umgang mit Blumen-Präsenten, € 19,95; 144 Seiten A5
Bekleidung! Ausdruck der Persönlichkeit – Lukas' Outfit-Knigge
²¹⁰⁰, € 19,95; 196 Seiten A5
Nudel-Knigge ²¹⁰⁰ Himmlische Teigwaren, € 17,95; 140 Seiten A5
Der Interkulturelle Kompetenz-Knigge ²¹⁰⁰ Kultur, Kompetenz, Ein-
drücke – Gesten, Rituale, Zeitempfinden – Berichte, Tipps, Erlebnisse, €
29,95; 240 Seiten A5
Wertschätzung-Knigge ²¹⁰⁰ Gleichberechtigung, Gender und Respekt,
Sexuelle Orientierung, Umgang bei Diskriminierung und Mobbing, €
14,95; 152 Seiten A5
Dschungel-Knigge ²¹⁰⁰ Umgang in ungewohnter Umgebung, € 23,95;
192 Seiten A5
Der Dicke-Knigge ²¹⁰⁰ Aus dem prallen Leben des Dicken, € 15,90; 104
Seiten A5
Typisch Frau – Typisch Mann Knigge ²¹⁰⁰ Unterschiede und Gemein-
samkeiten im Umgang mit dem anderen Geschlecht, € 12,95; 128 Seiten
A5
Kulinarischer und Gastronomischer Knigge ²¹⁰⁰ Von Events, Feiern,
Aperitif über Esskultur, Speisen und Getränken zu zeitgemäßen Tischsit-
ten, € 26,50; 284 Seiten A5
Klo- und Pinkel-Knigge ²¹⁰⁰ Vom privaten und öffentlichen Bedürfnis -
Umgangsformen im Tabu-Bereich, € 13,50; 104 Seiten A5
Omi hüpf' mal Märchen meiner Großmutter, Erlebnisse ihre Jugend und
wahre Geschichten meines Vaters von und über Omi Rickchen, Hardco-
ver, € 29,95; 312 Seiten
Der Hunde-Knigge ²¹⁰⁰ Umgang mit dem Hund – Hundesprache – Der
Hund in der Gesellschaft, € 17,95; 180 Seiten A5
Welcome to Germany-Knigge ²¹⁰⁰ Umgangsformen, Verhaltensmuster
und gesellschaftliches Miteinander im deutschsprachigen Europa, €
11,99; 108 Seiten A5
Besuch willkommen Knigge ²¹⁰⁰ Einladung, Gast, Geschenk, Empfang,
Feier, Gastfreundschaft, € 14,95; 200 Seiten A5
Leben, Tod und Ansichten Austausch mit Berühmtheiten über Wichti-
ges und Unwichtiges im Leben, € 12,95; 116 Seiten A5
Leben, Tod und Überlegungen Austausch mit Berühmtheiten über
Größe, Ewigkeit und Spaß im Leben, € 12,95; 116 Seiten A5
Tod, Trauer, Totenkult-Knigge ²¹⁰⁰ Sterben, Trost, Takt, Bestatten,
Tradition, Vorsorge, Tabus, Vergänglichkeit und Sonderbares, € 17,95;
212 Seiten A5

Leben und Lifestyle

Rhetorik, Soft Skills, Hochschule, Beruf

Rhetorik ist Silber Von den ersten Schritten zu einer perfekten Präsentation, € 17,90; 144 Seiten A5, kartoniert, Zeichnungen
Moderation ist Gold Gesprächsführung, Umfragen, Talkrunden und Manipulation, € 17,90; 144 Seiten A5, kartoniert, Zeichnungen
Lebhafte Körpersprache in Vorträgen, Präsentationen, Gesprächen, € 17,90; 144 Seiten A5, kartoniert, ca. 290 Zeichnungen
Rhetoric – Mastering the Art of Persuasion, € 22,90; 144 Seiten A5, kartoniert
Discussion – Mastering the Skills of Moderation, € 22,90; 144 Seiten A5, kartoniert, Zeichnungen
Body Language in Europe, € 22,90; 144 Seiten A5, kartoniert, ca. 290 Zeichnungen
Körpersprache – Lüge, Verrat, Macht, Im Beruf, vor Gericht, beim Flirt – Gewinnerpose und Demutshaltung – Drohung und Zuneigung; € 29,95; 364 Seiten A5, kartoniert, über 400 Zeichnungen
Das große Buch der Rhetorik [2100] Tacheles reden; Präsentieren; manipulieren und überzeugen, € 37,45; 332 Seiten A5, kartoniert, viele Darstellungen
Trickreiche Rhetorik [2100] Psychologische Gesprächsführung, manipulierende Darstellung, unaufdringliches Nudging, € 37,45: 300 Seiten A5, kartoniert, Zeichnungen
Soft Skills-Knigge [2100] Soziale, Persönlichkeit, Selbstmanagement, € 37,45; 324 Seiten A5, kartoniert, viele Darstellungen
Schlagfertigkeit-, Spontaneität-, Stegreif-Knigge [2100] Impulsiv handeln, verbale Angriffe kontern, Störungen entwaffnen, € 13,50; 104 Seiten A5
Pitch Skills und Überzeugungs-Knigge [2100] Elevator Pitch, Geldgeber beeindrucken, Feuer versprühen, € 13,50; 128 Seiten A5, kartoniert
Smalltalk-Knigge [2100] Vom kleinen Gespräch bis zum charmanten Flirt - Kontakt ausbauen, Sympathie zeigen, Begehrlichkeit wecken, € 13,50; 100 Seiten A5
Quassel-Knigge [2100] Quasseln, Quatschen, Quengeln oder Lebenswichtige Kommunikation – Gezielt eingesetzte Rhetorik – Aussagekräftiges Profil zeigen, € 13,50; 112 Seiten A5
Hochschul-Knigge [2100] Studentischer Umgang in und außerhalb der Hochschule am Beispiel der Cologne Business School, 132 Seiten A5, kartoniert, Fotos
Jugend-Karriere-Knigge [2100] Schule und Studium, Netzwerk und Klüngel, Erfolg und Risiken, € 19,95; 224 Seiten A5, kartoniert, Zeichnungen, Checklisten
Bewerbungs-Knigge [2100] **für Frauen – Tina bewirbt sich / Bewerbungs-Knigge** [2100] **für Männer – Tom bewirbt sich**, Vorbereitung, Wahl der Kleidung, Verhalten beim Bewerbungsgespräch, je € 19,70; 128 Seiten A5, kartoniert, Fotos, Checklisten
Kreativitäts-Knigge [2100], Visionärhaft denken, Scheuklappen sprengen, Mentales Risiko eingehen, € 14,95; 164 Seiten A5, kartoniert
Team und Typ-Knigge [2100], Ich und Wir, Typen und Charaktere, Team-Entwicklung,
€ 14,95; 128 Seiten A5, kartoniert, viele Darstellungen
Die flotte Generation Y im 21. Jahrhundert, selbstbewusst – lebensbetonend – flexibel. Wie mit der Generation Y zielorientiert und erfolgreich gearbeitet werden kann,
€ 12,95; 116 Seiten A5, kartoniert, Zeichnungen
Die flotte Generation Z im 21. Jahrhundert, entscheidungsfreudig – effizient – eigenverantwortlich. Wie mit der Generation Z zielorientiert und erfolgreich gearbeitet werden kann, € 12,95; 140 Seiten A5, kartoniert, Zeichnungen

Rhetorik, Soft Skills, Hochschule, Beruf

Englisch:

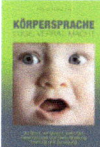   

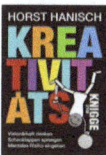  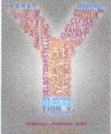 

Beratung, Coaching, Seminar

Wer hat nicht gerne mit Menschen zu tun, die selbstbewusst und selbstsicher mit anderen Menschen umgehen?

Geschäftspartnern, die die elementaren Regeln des ‚Benimms' beherrschen, stehen die Türen zum Erfolg offen.

Unternehmen, die neben ihrer fachlichen Leistung auch ‚menschlich' überzeugen wollen, bieten wir für ihre Mitarbeiterinnen und Mitarbeiter aktives Training im Umgang mit Kunden, Gästen, Kollegen und Gesprächspartnern an.

Auf unserer Website informieren wir Sie über unsere Angebote:

- Firmen-Internes-Training
→ Business-Etikette und das Lehrmenü
→ Präsentieren, Moderieren, Kommunizieren
→ Körpersprache und ihre Geheimnisse
- Offen ausgeschriebene Seminare
→ Teuflische Rhetorik
→ Flottes Reden vor und zu anderen
→ Der erste Eindruck

→ Ladies Power
- Individuelles Einzelcoaching
→ Authentisches Auftreten
→ Dress for Success
→ Verhandlungstechniken
→ Persönlichkeit
- Interkulturelles Training
- Freundlichkeits-Checks in Unternehmen
- Workshops

→ Soft Skills
→ Team-Training
- Intensiv-Training für
→ TV-Auftritte
→ Vorträge
→ Präsentationen
→ Reden
- Fachliteratur und Arbeitsunterlagen
- Vorträge/Speaker
→ Vor kleinem und vor großem Publikum

Individuelles Coaching für Einzelpersonen: Und, wer es ganz individuell mag, greift zurück auf ein Einzel-Coaching. Hier werden ganz persönliche Herausforderungen angegangen, mit Themen wie:

- Interkulturelle Kompetenz
- Selbstsicheres Auftreten
- Präsentations-Techniken
- Erfolgreiche Verhandlungsführung

- Der Erste Eindruck
- Bewerbungstraining
- Rhetorik und Überzeugungskraft

und andere Themen – direkt auf die besonderen Bedürfnisse des Einzelnen zugeschnitten. Besuchen Sie uns auf www.knigge-seminare.de